如何说孩子才会听，怎么听孩子才肯说

笑 编著

民主与建设出版社

·北京·

图书在版编目（CIP）数据

如何说孩子才会听：怎么听孩子才肯说 / 赵奕编著 . —北京：民主与建设出版社，2018.2（2023.11 重印）

（人生金书）

ISBN 978-7-5139-1924-1

Ⅰ . ①如… Ⅱ . ①赵… Ⅲ . ①儿童教育–家庭教育–通俗读物 Ⅳ . ① G78-49

中国版本图书馆 CIP 数据核字 (2018) 第 019176 号

如何说孩子才会听，怎么听孩子才肯说

RUHESHUO HAIZI CAIHUITING , ZENMETING HAIZI CAIKENSHUO

编　著：赵　奕

责任编辑：王　颂

封面设计：施凌云

出版发行：民主与建设出版社有限责任公司

电　话：（010）59417747　59419778

社　址：北京市海淀区西三环中路 10 号望海楼 E 座 7 层

邮　编：100142

印　刷：三河市燕春印务有限公司

版　次：2018 年 9 月第 1 版

印　次：2023 年 11 月第 15 次印刷

开　本：880mm×1230mm　1/32

印　张：6

字　数：121 千字

书　号：ISBN 978-7-5139-1924-1

定　价：36.00 元

注：如有印、装质量问题，请与出版社联系。

做父母的都对孩子拥有真挚的爱，都愿意尽其所能地给予孩子最好的，同时期望自己的孩子能成龙成凤。但家庭教育不仅需要爱，更需要方法。为人父母的你，是否常常觉得和孩子有距离感，常因各种问题发生争执？是否常为孩子不听话、不懂事、太费心而苦恼，以至于让家里整天充满了呵斥、吵嚷声？是否觉得孩子对你的叮嘱和教导不理解不接受，甚至故意对着干？

当家庭教育出现类似问题时，父母大都把矛头指向孩子，并为其加上一堆让自己难过、让孩子痛苦的"罪名"，却绝少会换位思考，首先分析自己的态度与行为。殊不知，没有教育不好的孩子，只有不会教育的父母。成功的家庭教育，首先源于良好的亲子沟通，而失败的家庭教育，一定是沟通出了问题。所以为人父母者需要学习沟通的技巧，在"如何说""怎么听"这两方面多多用心，善于说更要懂得听。

巧妙说孩子才会听，善于听孩子才肯说。父母恰当的语言能搭建起与孩子心灵对话的七彩之虹，父母用心倾听才能捕捉到有效信息，找准教育的切入点。父母要及时沟通，消除隔阂，清扫孩子内心的尘埃，帮孩子营造一片晴朗的天空。要听出孩子的潜台词，说到孩子的心坎里，以父母、老师同时是好朋友的身份，陪伴孩子健康快乐地成长。

为了建立这个快乐沟通的平台，本书围绕"如何说""怎么听"两个主题，综合教育专家的建议，从以下几个方面进行了探讨和实践：

1. 帮助孩子面对他们的感受。

2. 鼓励孩子与我们合作。

3. 表扬，不要贬损；批评，不要伤害。

书中结合家庭教育的典型问题，阐述了完美亲子关系的本质规律和关键点，辅以大量的常见场景和问题加以说明，并配有相应的练习题，提供了可行的思路和操作性建议，让父母切实掌握这些技巧，并灵活运用，随时应付各种情况。其提供的互相尊重而又切实可行的沟通方法，仿佛一把打开孩子内心世界的钥匙，能指引你切身体会孩子内心的感受，把和孩子的矛盾化解于无形之中，缓解所有年龄段孩子与父母的紧张关系。

沟通质量影响教子成败。本书能帮助苦恼的父母应对亲子教育的燃眉之急，切实帮助父母学会和孩子达成完美沟通，是一本融合爱与沟通技巧的神奇之书，是一本能使家庭和睦、孩子茁壮成长的父母必读之书。

换种方式教育你的孩子吧。让成人俯下身子进入孩子的世界，让孩子像成人一样和父母对话，这种沟通的形式一旦建立，就能创造家庭的快乐与和睦，让孩子在你的引导下身心健康成长。当掌握了说服和倾听的技巧，你的一句话，可能会照亮孩子的一生，你的一次真挚倾听，可能会轻易化解孩子心内郁积的风暴雷鸣。

第一篇

帮助孩子面对他们的感受

第1章 你是"独裁家长"吗

第2章 倾听，沟通的第一步

第三篇

表扬，不要贬损；批评，不要伤害

第 1 章　赞赏令孩子更加出色

第一篇

帮助孩子面对他们的感受

第1章 你是"独裁家长"吗

独裁家长让孩子的内心很伤悲

著名的钢琴演奏家郎朗出了一本自己的传记——《千里之行：我的故事》。在书中，他回忆起自己的童年，不免一阵心酸："爸爸以为我贪玩，没有准时学钢琴，歇斯底里地吼叫：'我为了你放弃我的工作，放弃我的生活！你还不练琴，你真是没理由再活下去了，只有死才能解决问题……'"说完这些话，爸爸竟真的拿起一个药瓶让他全部吞下去！回想起过往种种，郎朗仍心有余悸。

"每年的年三十，我也必须练完八小时琴再吃年夜饭，菜都凉了……小时候，父亲对我太激进了，其实那是对小孩的一种摧残。"郎朗面对来访者当着父亲的面如是说。

但当爸爸看到郎朗书中所写的这些时，却似乎"想不起"那些事了。"我也是该严的时候严、该松的时候松，我也曾经骑着摩托车带他去抓过蜻蜓啊！"

"就两次！"郎朗马上说明。

一脸窘迫的爸爸立即承认："当然，我也有把变形金刚踹了的时候！"

2

总之，郎朗对爸爸的总结是："独裁！"

郎朗的专辑在美国畅销，被称为钢琴神童。但他想到童年的记忆时只说："我心里曾经很悲伤！"可以想到，在那些刻苦练琴的日子里，他的心里有太多的无奈和委屈。

其实，说起来，"独裁家长"并不是一个新词汇。如今，大多数家长在教育孩子的时候总是以成人的眼光去要求孩子——什么事情该做、什么事情不该做，都是家长说了算，完全忽略了孩子的感受。因为大多数家长都有一个念头，那就是——我这样做是为了你好。不可否认，天下所有的父母都盼着自己的子女能有一个美好的未来。但问题是，我们不能因此就完全忽视孩子的感受。要知道，逼着孩子按照我们的要求去做，也许孩子会在我们的高压之下选择"乖乖地顺从"，但是却不能让孩子从内心真正认同，结果就会导致亲子关系越来越紧张、疏远。

曾经有一女孩，学习优异，各方面的表现都不错，但是她说自己不愿意和父母说话。是什么原因阻碍了他们之间的交流呢？让我们来看看这个小女孩内心的真正想法吧。

小学时，我成绩优异，一直担任班干部；初中时征文也屡屡得奖，然后我考上了最好的高中；接着考上了不错的大学，年年拿奖学金，做了团支书，入了党……我妈说我让爸爸很有面子，但我知道，这些不过是他长面子的资本而已。

我从小被要求要出类拔萃，做这做那，一直到现在。我不忍心让父母失望，也从没让他们失望过。但是在这个过程中是他不断地要求，而不是一个爸爸对女儿的爱。

读完这个女孩的内心表白，也许你会觉得这并不能说明父母不爱她，只是教育方式让孩子不能从感情上接受。很多家长都习惯于要求孩子做这做那，他们一心为孩子好，但遗憾的是，他们从来没有问及孩子的真正感受，没有问过孩子是否喜欢这样的安排。而他们这种爱之深责之切的做法，在孩子看来，不过是一种独裁和霸道，甚至被看作是一种投入与产出的关系。这样教育的结果，就是你对孩子再好，为他（她）付出再多，他们也不会从内心深处感激你，相反地，说不定还会对你的"独裁"怨声载道。

让孩子按照家长划定的路线去走，还需要看一看孩子是否能承受这份压力。如果父母给孩子的压力过大，不仅会适得其反，甚至可能会引发孩子的一系列心理问题。

因而，家长应该与子女建立一种平等、民主的关系，而不是家长"说了算"的独裁家庭关系。家长需要教育子女，但同时也要接受子女的建议，从传统的封闭式教育模式转向开放教育模式。

【怎么听怎么说之现场演练】

测测你有"独裁"倾向吗？

你觉得自己是一个独裁的家长吗？你觉得自己是一个事事都要求孩子的家长吗？通过下面这样一个测验，来看看你是否有独裁的倾向：

1. 当孩子说："爸爸，我今天很不想去上学，我想休息一天。"

你的第一反应会是什么?

发怒的反应:＿＿＿＿＿＿＿＿＿＿＿＿＿＿＿＿＿＿

平和的反应:＿＿＿＿＿＿＿＿＿＿＿＿＿＿＿＿＿＿

2. 当孩子说:"妈妈,我觉得报兴趣班这件事情,我自己做选择就可以了。"你还会继续干涉孩子吗?

干涉的做法:＿＿＿＿＿＿＿＿＿＿＿＿＿＿＿＿＿＿

不干涉的做法:＿＿＿＿＿＿＿＿＿＿＿＿＿＿＿＿

3. 当孩子说:"妈妈,晚上七点钟有我最喜欢的动画片,我想先看完动画片再做作业,只花费 3 分钟的时间。"你会同意他先看动画片吗?

如果你会同意:＿＿＿＿＿＿＿＿＿＿＿＿＿＿＿＿＿

如果你不同意:＿＿＿＿＿＿＿＿＿＿＿＿＿＿＿＿＿

4. 当孩子说:"周末的下午,我有两个很要好的同学会来找我玩。我能不能不去爷爷家?"遇到这种情况,你会怎么答复?

同意孩子的说法:＿＿＿＿＿＿＿＿＿＿＿＿＿＿＿＿

不同意的说法:＿＿＿＿＿＿＿＿＿＿＿＿＿＿＿＿＿

通过上述四个问题,你完全可以给自己一个公正的判断,如果你在这些事情的做法上习惯于强制孩子的意愿,你很有可能有一些独裁倾向。

那么,如何使我们的心变柔软,如何让孩子从内心深处接纳我们呢?

孩子为何不告诉你他在想什么

著名教育家魏书生说过："走入孩子的心灵世界中去，你会发现那是一个广阔而又迷人的新天地，许多百思不得其解的教育难题都会在那里找到答案。"可是在现实中很多家长都遇到过这样的难堪——别说是走进孩子的内心，就是走近孩子的身边，他都会表现出十二分的不耐烦。

很多家长会有这样的困惑，孩子和同学、朋友甚至网友都能侃侃而谈，唯独对自己惜字如金。一旦问得稍微多一些，孩子极有可能会把父母顶撞得哑口无言。很多家长都有这样的感慨：不知道孩子在想什么，也无法知道。明明孩子近在眼前，却仿佛远在天边。

家长迫切地想要把自己的担心和忧虑告诉孩子，也希望孩子能将自己的想法及时告诉自己。可是，家长越是耳提面命、谆谆教导，孩子表现得越叛逆，甚至在内心对父母竖起了一堵高高的"墙"，表示他根本不想让你走进他的世界。

有位女老师问班上的一名学生："你和你父母的关系融洽吗？"那位同学很无奈地说："老师啊，我现在和父母之间的沟通越来越少了，每天回到家之后，我都会将自己关在房间里，除了吃饭，我和父母都不怎么说话。"

为什么孩子不喜欢和父母说话？在女老师的继续追问下，这位同学道出了实情："和他们说话，总像是在接受命令。他们不想了解我的心思，我也就不想和他们说了。"

看到这里，也许很多父母会感到很诧异，因为他们多半都认为自己做得很到位：我天天在跟孩子说，你要好好学习啊，将来一定要考大学啊，一定要有出息啊，可千万别走某某的老路啊……难道这不是沟通吗？

还有家长觉得：我整天跟孩子在一起，我陪着他写作业，我为他整理书包，难道这不是交流吗？

实际上，问题的关键在于，父母习惯将自己的"教训""命令""责骂"都归于沟通。事实上，这根本就算不上沟通，沟通是双向、互动的，但是父母习惯用单向、带有指令式的方式和孩子进行交流。虽然，家长往往倾注了全部的情感和孩子进行"沟通"，苦口婆心换来的却不是好的结果。

这已成为一个无法调解的对立问题：孩子总认为爸爸妈妈不了解自己，而家长却总是抱怨孩子不对自己说心里话。纵然家长有为孩子热忱服务的心，孩子也会感到困惑和无力，甚至会感到痛苦和焦虑。

沟通出现了断裂，教育自然难以施行。那么孩子为什么不愿意告诉父母自己在想什么呢？

第一，父母不能放手让孩子自己成长。很多家长喜欢事无巨细地替孩子考虑问题，当孩子要做某事时会表现出不信任，这让孩子十分苦恼，他会用强烈的反抗来表达自己的不满，而父母却很少乎孩子的这些情绪，反而会用强势来压制他。如此一来，孩子就会觉得父母不理解他，不会再对父母敞开心扉。

第二，教育没有针对性。很多父母都喜欢用大众化的教育方式来教育孩子，喜欢盲目跟风，从来没有深入了解自己的孩子，更谈不上与孩子探讨自己哪些教育让他感觉不舒服。事实上，只有最适宜的才是最好的，那些不相匹配的教育方式，只会让孩子不堪重负，感到负累和压抑。

第三，父母喜欢想当然，自以为是。很多父母在与孩子交流的时候，总是想当然，表面上看起来是在与孩子平等地交流，可实际上却仍然习惯于将自己的想法灌输给孩子，期望孩子听话。如此一来，孩子自然不愿意再和父母沟通。

第四，沟通方式有问题。妈妈的唠叨、爸爸的训斥，都是孩子极为反感的，可是大多数父母除了这两种方式就没有其他的沟通方式。

所以，要想让孩子告诉你他的心中所想，首先必须以信任的态度来对待他，与孩子平等相处，保持一种轻松愉快的气氛，和孩子进行一种朋友式的交谈，这样更容易拉近与孩子的距离。

当孩子跟你交流的时候，一定要用信任、亲切的眼光注视他，让他感到你在认真听，千万不要显出漫不经心的样子，那样的话，孩子的内心也会很沮丧，他当然就不再愿意和父母敞开心扉了。相反，如果孩子觉得父母很重视他，就会变得主动起来，愿意和父母诉说关于自己的事情。

【怎么听怎么说之现场演练】

我们的行为是否让孩子反感

在日常生活当中，家长一些不经意的举动可能就会浇灭孩子的倾诉欲望，不当的举动、语言和表情极容易引起孩子的反感。

下面列举一些情况，看看我们是否让孩子反感了：

在你的印象当中，孩子愿意和你说话吗？如果你觉得你们的沟通还算顺畅，可以跳过这个练习，如果你觉得你们之间的沟通还不够，那么接着往下看吧，或许会给你带来一些启发。

1. 孩子遇到了令他高兴的事情，兴冲冲地跑过来要与我们一同分享，我们的反应是：

和他表现得一样高兴 ＿＿＿＿＿＿＿＿＿＿＿＿＿＿＿＿

很平淡，并且认为孩子大惊小怪 ＿＿＿＿＿＿＿＿＿＿

2. 孩子走过来要和我们说些事情，恰巧这个时候我们在忙自己的事情，那么我们如何表现：

停下手中正在忙的事情，关注孩子 ＿＿＿＿＿＿＿＿

做自己的事情，对孩子说话很敷衍 ＿＿＿＿＿＿＿＿

3. 我们和孩子一起交流观点，通常来说：

更习惯于听孩子说话 ＿＿＿＿＿＿＿＿＿＿＿＿＿＿

更习惯于发表看法，告诉他什么是对、什么是错 ＿＿＿＿

通过以上的小调查，我们也可以对自己和孩子的交流做一个反思，如果你在与孩子交谈时，总是一种以自我判断为中心的方式，那么，孩子也会很难感觉到你对他的重视，不太愿意跟你交流也就很正常了。

怎样做才能抓住孩子的心

笑笑的爸爸妈妈长年都在外地打工，由于工作忙碌，他们把笑笑放在了老家，由爷爷奶奶来照看。这样一方面省得孩子跟着大人奔波，另一方面也能给孩子提供一个好的成长环境。

平时，爷爷奶奶在家里很好地照料笑笑的饮食起居，而爸爸妈妈总会隔三岔五地打个电话问问孩子的情况。

这样的安排似乎挺不错的，似乎一切都妥当了，但事实并非如此。在每次通话中父母都希望能跟孩子多聊聊，但却事与愿违：

"笑笑呀，最近在家里乖不乖？有没有听爷爷奶奶的话，没让他们着急吧？"

"嗯。"

"最近学习怎么样啊？有没有考试啊？分数上去了吗？"

"还那样。"

"你们班主任老师有没有批评你啊？"

"……爸爸，奶奶想跟你说话。"

笑笑跟爸爸说着说着，就不耐烦了，索性喊奶奶去接电话，自己跑一边看电视去了。

可想而知，笑笑的爸爸当时的心情一定非常沮丧，他很想跟孩子多说一些话，但感觉总也抓不住孩子。

这就是父母在对孩子的了解上存在一定的误区，他们渴望与孩子进行良好的沟通，但是他们的着重点是想了解孩子的近况，却忽视了孩子的内心，这样的话，当然也就抓不到孩子的"心"。

孩子在和父母交流的过程中，十分在意父母是否重视自己的内心感受，如果在交流的过程中感觉不合拍，觉得父母关注的问题都是自己特忧的问题，那当然就不愿意同父母说话了。

孩子因为学习或者其他方面受到了挫折，渴望能够从父母、家人身上找寻安慰，以缓解苦闷；再加上孩子的好奇心很强，喜欢尝试新鲜的事物，如果家长肯和子女多聊天，不但能够帮助他们疏解情绪，而且也能够从家人那里获得满足好奇心的愿望，这样十分有利于孩子的成长。

婷婷是个十分内向、羞涩的女孩，因为家人很少跟她沟通交流，所以，婷婷跟同桌小玉的关系特别好，有什么心事都愿意跟小玉说。

后来因为一件小事，婷婷惹恼了小玉，小玉很生气，要跟婷婷断绝好友关系。婷婷很伤心，一直以来，她都把小玉当成最好的朋友，现在突然这样，她接受不了，甚至还想到了自杀。幸好被家人及时发现，才避免了惨剧的发生。

这时候，她的母亲才意识到了事情的严重性，转而向专家求教。经过半年多的努力，亲子关系改善了，而婷婷这个不善于处理人际关系的小女孩也变得开朗起来。

事后，婷婷的妈妈深刻地反省了自己，虽然自己爱子女的心从来都没有改变过，但是她过去处理问题的方式确实不妥当。比如当婷婷在学校里受了委屈或者是学习上遇到困难向她诉苦时，换来的却是她的唠叨和批评。

久而久之，女儿就再也不愿意同自己讲心里话了，转而将重心放在了朋友身上。现在她喜欢倾听孩子的话，用微笑的脸取代苦瓜脸，并学会了在生活中赞扬孩子，同时以幽默的方式来表达自己的不满情绪。

由此可见，当孩子出问题的时候，我们要先了解真相，如果是教育孩子的方式有了偏差，就要努力调整自己。

总之，在与孩子交谈的过程中，要想取得良好的效果，抓住孩子的内心非常关键。所以父母在交谈的过程中尤其要注意以下几个方面：

1. 关心孩子的全面发展，在多方面给予孩子鼓励。

2. 设身处地地考虑孩子的内心感受，多了解他们的真实想法。

3. 在交谈中多说一些孩子真正感兴趣的话题，这样才更容易把话说到孩子心里。

4. 对孩子的情绪及心理的变化更加敏感，多给孩子正面引导。

5. 多一些认同、鼓励的语言。

除此之外，作为家长还可以根据孩子的一些小动作来判断他们的内心，以帮助自己调整谈话的内容。当和孩子交谈时，如果发现孩子的神态、动作不太对劲，家长就应该反思一下自己说话的内容，是否让孩子过于反感和不耐烦，具体的判断方法请参见现场演练。

【怎么听怎么说之现场演练】

判断孩子内心的小诀窍

孩子在与父母的交谈中，有时会在神情、语速、语调等方面发生微妙的变化，细心的父母完全可以根据这些小小的变化来判断自己孩子的内心。那么我们可以从哪些方面来加以判断呢？

1. 孩子的语速。

A. 平时语速快的孩子突然变得吞吞吐吐起来

你会认为 _____

B. 平时木讷的孩子突然变得滔滔不绝

你会认为 _____

这两种情况都是反常的，最能反映出孩子的心理状态。大体来说，如果语言的速度比平常缓慢，那说明孩子对父母的话感到不满。相反，如果孩子的语速比平时更快了，那可能是孩子对父母的观点很感兴趣。而当孩子内心有某种不安或恐惧的时候，语速也会变快，借此来掩饰自己内心深处的不安与恐惧，以避免父母的怀疑。

总而言之，如果孩子的语速出现了反常，父母要格外关心孩子，这个时候他们的内心在发生变化。

2. 孩子的音调。

A. 孩子将说话的声音突然拉高

你会认为 _____

B. 孩子说话总是有明显的抑扬顿挫

你会认为 _____

法国的教育家狄德罗说过："孩子如果想反驳你的观点，最简单的方法就是拉高嗓门。"我们在日常生活当中也有这样的常识：如果孩子的愿望不能满足，他们最直接的反抗方式就是大哭大闹。

至于那些说话习惯抑扬顿挫的孩子，他们的潜意识中往往希望得到更多人的注意，这样的孩子天生有强烈的表现欲，作为父母，我们可以给予一些适当的引导。

通过以上这些小技巧，相信家长们可以更加准确地判断孩子说话时的内心活动，从而更加了解孩子。

不要吝啬对孩子的欣赏

教育家陶行知曾经指出："教育孩子的全部秘密就在于相信孩子和解放孩子。"孩子为什么一定要得到赞赏呢？这是教育中一个很必要的手段吗？作为家长如果想弄清楚这个问题，可以先换个角度想想。

试想一下，假如你今天在公司认认真真地做了一份策划书，被同事们大加赞扬，你会怎么想呢？会不会感到很欣慰：我的努力没白费。

再想一下，假如你今天烧了可口的饭菜，家人很喜欢吃，并且在吃完之后，满足地说："嗯，今天的菜做得真好！"你会不会特别高兴，下次会更加兴致勃勃地为大家做一顿丰盛的美味。

大人们有这样的心理，孩子也一样，他们很需要得到家长的欣赏和认可。也可以这样说，鼓励是每一个人的自然需求，没有一个人受到批评之后还开开心心的。而孩子幼小的心灵更需要受到鼓励，他们期待着鼓励，就好比花草树木期待雨露一样。鼓励能够使孩子的信心高涨，让他们变得更加努力、上进。

著名的成功学大师拿破仑·希尔从小被认为是一个坏孩子。无论家里出了什么样的倒霉事，大家总是认定他干的，甚至连他的父亲和哥哥都认为他很坏。父亲认为，母亲很早过世没有人管教是希尔变坏的主要原因。对希尔来说，无所谓，反正大家都这样认为，那就当个坏孩子吧。

直到有一天父亲再婚。当继母站在希尔面前的时候，希尔像个枪杆一样站得笔直，他双手交叉在胸前，目光冷漠地看着她，连一丝欢迎的意思都没有。

"这是拿破仑，他是全家最坏的孩子。"父亲这样将他介绍给继母。他的继母看到他之后，眼睛里闪烁出光芒，将手放在希尔的肩膀上。

"最坏的孩子？"继母的语气中带着不相信，"一点儿也不，我看他是全家最聪明的孩子，只是他还没有找到发泄热忱的地方，我想我们一定可以把他的本性诱导出来。"

继母的一番话说得希尔心里热乎乎的，眼泪几乎都要掉下来了。因为在此之前，从来没有一个人称赞过他。他的父亲和邻居认定他就是坏男孩，但继母的赞赏改变了希尔，他一辈子都不会忘记继母将手搭在他肩上的一刻。

孩子内心深处渴望被肯定，被欣赏，就好比植物需要浇水一样。家长的每一次肯定和赞赏都是在给孩子创造一次机遇。

小胖："爸爸，等我长大了，我要在海边给你买一栋别墅，让你住在里面，每天都能看到大海。"

爸爸："你现在不要想那么多，好好学习就行了。只要你学习好，爸爸就很高兴了。"

看了上面的这段对话，不知你做何感想。或许我们在话说出来的那一刻，并没有想到，这句话是否会打击孩子的积极性、进取心，但是仔细斟酌反思，不难发现，孩子听到之后心里会是多么失望！

如今的家长对孩子寄予了太多的期望，总是幻想着孩子能够朝着自己期望的方向发展，我们的每一个要求孩子都能够做到。所以，我们总是紧绷着弦不放松，孩子进步了，我们赶紧提醒他不要骄傲，总是担心一点小小的成绩会让他忘乎所以。岂不知孩子其实只需要我们的一句欣赏和肯定——你的表现真的很棒，继续努力，相信你还会带给我们更多的惊喜。

假如爸爸在听到小胖那个美好的心愿之后，这样说："小胖，你真是爸爸的好儿子，爸爸等着你给我买一栋别墅，爸爸相信你一定能够做到。"换种说法，对于年幼的孩子来说，却可能完全是两个天地。

所以，从现在开始，不要再吝啬对孩子的欣赏，把对孩子的赞美淋漓尽致地表现出来吧。请相信孩子不会因为赞美过多而忘乎所以，相信孩子会因为你一句由衷的赞美而更加自信的。

【怎么听怎么说之现场演练】

妈妈的赞美要贴心

鼓励的话语其实有时就是一些简单的日常用语，只是说话的语气和方式不同。身为家长，我们不要小瞧这一句话，有时，简单的一句话会影响孩子一生。

下面向家长介绍一些常用的鼓励习惯语，学习说好听的话。相信当我们说出来的时候，孩子会觉得内心无比甜蜜。

例如：你认识的字真多，简直是个"识字大王"啊。

发挥：你背下的单词真多，简直是个"单词大王"啦。

你能认识这么多星星，将来一定是个天文学家。

下面，我们一起来这样试试。

1. 在骑自行车的事情上，你可以做老师喽。

_____

2. 你的粘贴画很有创意，看来你是认真思考了的。

_____

3. 你真是个爱动脑筋的孩子，这么复杂的题你都做对了。

_____

4. 我看到你画画很有进步，真为你高兴。

_____

5. 只要努力，这次故事比赛你一定行。

_____

6. 你的图画本真整洁，是个有条理的好孩子。

_____

7. 你真行，手工一次比一次有进步。

_____

从小处着手，有针对性的夸奖会让孩子感觉到你的关注。

掌握向孩子表达爱的途径

心理学家认为，孩子对父母具有天生的依赖性，不仅在生理上需要得到父母的照料，同时在心理上也渴求父母的爱。如果一个孩子在幼年的时候严重缺乏关爱，那么在他成年之后，他可能就不具备爱的能力，也不懂得爱的表达，一生都会受到困扰。

看到这里，相信很多父母都会感到疑惑，难道天下有不爱自己孩子的父母吗？但问题是，爱不等于会爱，很多父母并不了解自己的孩子究竟需要什么样的爱。很多父母对孩子的关心可以说是到了无微不至的地步，他们为了孩子能够更好地成长，省吃俭用、节衣缩食，把全部的财力和精力都奉献给了孩子，为孩子创造最好的物质条件和学习条件——只要是别的孩子有的，我的孩子也一定要有。这样对待孩子，能说是不爱孩子吗？但结果却是——许多孩子的心理出现了障碍，与父母的隔阂越来越大。于是很多父母都发出了这样的感慨：教育孩子可真难啊，我费了那样大的心血，可是他却这样对我！

事实上，父母对于孩子的爱，如果仅仅是物质上的，那是远远不够的，还应该包括对孩子的尊重，与孩子之间亲密、平等的交流。有一个小学生在他的日记中就写道："我希望，妈妈能够经常对我笑，能在我睡觉之前和我说声'晚安'。"可见，孩子是多么渴望与父母的感情交流啊。作为父母，不要总是觉得自己有多么爱孩子，重要的是让孩子能更多地体验到父母对他的爱。

现在越来越多的教育实践家提倡，"让孩子知道你爱他"。作为父母，仅仅为孩子提供物质，是无法解决一切问题的。父母觉得付出的代价已经够大了，但是孩子却感受不到，还有比这更糟糕的吗？

所以，向孩子表达爱意，让孩子感受到家长的爱，是增进亲子关系最好的方法。

美国宾夕法尼亚大学莫尔学院的哈丽雅特博士曾经制作了一份"妈妈自我检查表"，认为家长可以拿着这份表来定期"自我体检"一下。检查的内容如下：

序号	检查内容
1	告诉孩子"我爱你"。
2	通过温和的触觉传达对孩子的爱意。
3	关心孩子的行踪。
4	让孩子明确什么是对，什么是错。
5	对孩子每一个小小的进步表示认可。
6	向孩子询问对父母是否有意见。
7	耐心地回答孩子提出的各种问题。
8	交给孩子一些工作，让他懂得承担责任。
9	让孩子对自己有足够的信心。
10	尊重孩子的人格。

这位博士在经过研究之后，为妈妈们提出了值得借鉴的方法：

第一，每天拿出固定的时间和孩子进行交流。如坐在地板上和孩子一起做游戏，帮助孩子完成学习计划，和孩子一起开展某种活动等。

第二，用温和的语言让孩子感觉到被认同。当孩子向父母表达一种感受的时候，父母应该以同样的心情来回应。

第三，帮助孩子正确表达自己的情绪。父母可以限制孩子的行为，但是要让孩子充分地表达自己的情绪，交给他正确表达情绪的方法，告诉孩子并不是单纯靠哭闹就可以解决一切问题的。

除此之外，表达爱意的方法还有很多种，只要父母能够用心陪伴孩子，就会摸索出越来越多的技巧。用什么样的方式拥抱，会让孩子笑得特别开心？在一起玩什么样的游戏，会让孩子离父母更近？父母说什么话，孩子最爱听？父母们多用点儿心，孩子就会更多地体会到他们的爱。

【怎么听怎么说之现场演练】

看看美国父母如何向孩子表达爱

这里摘录一些美国家长对孩子表达爱的方式，希望能起到抛砖引玉的作用。

家长一：我用又大又温暖的毯子裹着女儿，带她到庭院里，让她坐在我的大腿上，一起观看星星。

你想到的类似方式是 ＿＿＿＿＿＿＿＿＿＿＿＿＿

家长二：我为我的孩子坚持记日记。我要将重要的瞬间、美妙的时刻都记录下来。有一天他长大了，会看到他成长中的趣事，还有那些"恶作剧"。

你想到的类似方式是 ＿＿＿＿＿＿＿＿＿＿＿＿＿

家长三：记得小时候，有一次父亲用他的大手握住我的小手，我至今印象深刻。现在我也用同样的方式，试着握住女儿的手，她也会用手回握我。

你想到的类似方式是 _____

家长四：我每天早上离家上班前，会悄悄走进孩子的房间，在他脸上留下一个深深的吻。等到孩子起床时，会从镜子中看到妈妈留下的唇印，会知道妈妈是爱他的。

你想到的类似方式是 _____

善于领会孩子传递的信息

孩子有不同于大人的表达方式，有时候表达自己愿望和渴求的方式会很委婉，有时候会很矛盾，但是不管是哪种表达方式，都需要父母用心去听，要善于领会孩子传递给自己的信息。

"今天晚上我们一起睡吧。"女孩央求着妈妈。

"怎么了，你的床不舒服吗？不是刚给你换上新床单吗？"妈妈不解地问道。

"我就是想和妈妈一起睡。"

"你现在都 5 岁了，已经是个大姑娘了，怎么还能和大人一起睡呢？"妈妈在那里谆谆教诲。

孩子听完，什么也没说，叹了口气回去了。

孩子的请求，每时每刻都在传递着信息，但是很多家长察觉不到。作为家长，往往会自以为是地推理一番，然后就把孩子打发掉了。其实，孩子的任何想法、任何选择都是有理由的，只可惜很少有家长愿意聆听他们的想法，有的父母即使听了，也没有进一步深究孩子的内心世界。

比如说，一个长期单独睡觉的孩子突然想和父母一起睡觉了，他这么做，也许是因为心里害怕，也许是感到自己不被重视。这些可能的心理情绪和信号，需要父母来解读。

家长们总是习惯于倾向用金钱来衡量爱的深度，似乎觉得越舍得给孩子花钱就越显得真心，对孩子各种要求无条件满足——这似乎是父母们应对教育的"救命稻草"。

苗苗的父母都是上班族，但是由于工作繁忙，经常在节假日的时候加班，留下苗苗一个人在家。父母心中对苗苗有些隐隐的愧疚，为了消除苗苗的孤独感，他们会给苗苗买各种各样的玩具，堆在家里。

其实，苗苗以前很喜欢和爸爸妈妈讲每天发生的事情，但是爸爸妈妈的回应并不让她感到满意。爸爸一回到家，就马上打开电视，看自己喜欢的新闻和足球；妈妈下班之后也直接进厨房，然后就是做各种家务。就这样，苗苗变得越来越不喜欢跟父母聊天了。

当一个孩子变得不愿意跟父母分享自己的事情时，那说明父母该反省自己的时候到了。故事中的苗苗其实并不是天生内向的孩子，是因为没有人听她讲话，所以才变得孤僻起来。父母为孩子精挑细选的那些玩具，不仅不能帮她赶走孤独，反而会将孤独的种子种在孩子的心中。

若干年之后，当孩子长大了，她对童年的印象是什么呢？哦，那真是一段糟糕的岁月，只有一群不会说话的玩具与她为伴。

作为父母，最不能偷懒的事情，就是多与孩子沟通，多了解孩子的心思，这对孩子的成长是至关重要的。这就需要父母静下心来，多留心孩子说的话，多想想孩子的内心，多思考一下自己能为孩子做些什么。

【怎么听怎么说之现场演练】

能更加了解孩子的小方法

更多时候，我们应该选择能让孩子最明白的方式来和孩子交流。但是，如果我们根本就不了解我们的孩子，那交流从何提起呢？下面就介绍一些实用的小技巧，让孩子变得更愿意说，让家长变得更明白孩子的话。

方法一：多提问，让他们说得更多。

举例：孩子说："妈妈，我今天想去打游戏，不吃晚饭了。"家长的做法会有两种，看看你选择哪种：

A.直接提出反对意见，并且喋喋不休地说教 _____

B.想弄清楚孩子的想法，用发问式探寻 _____

实际上，多提问是一个缓解交流压力的好方法，孩子说得越多，透露给家长的越多，作为家长也就越好把控。

方法二：读他们读的书。

举例：你的孩子在看动画书《舒克与贝塔》，你有什么反应？

A.这么小儿科的书，也就小孩子才会看 _____

B. 我也应该看一看，这里是什么情节吸引他 _____

多观察孩子的课余生活，多关注他们的兴趣点。作为家长如果做好了这个事情，就能够明白孩子心中的价值观，并使用最准确的"孩子语言"和他交流。

方法三：用孩子的眼光看世界，他们的想法没那么复杂。

举例：孩子向你询问关于婴儿出生的解释，你怎么回答：

A. 客观严肃地为孩子做详尽介绍，从产道一直说到脐带。

_____

B. 用最儿童话的方式，做一种最简单的解释："上帝把你从天上带下来，送给妈妈。"

_____

你以为说详细了他们就会明白吗？不是，你说得越详细，他们反而听不懂，而且也失去了对问题的兴趣。

尊重孩子的成长脚步

最近，刘女士忧心忡忡地向教育专家哭诉，说她 5 岁的女儿萱萱对学习失去了兴趣，上课的时候总是走神，像是患上了"厌学症"。

原来，从年初开始，为了全面培养萱萱，除了平时每天在幼儿园的 6 个小时课程之外，每周有两个晚上，她都会带孩子去学 2 个小时英语，此外，周末还会安排萱萱学习钢琴、美术，平均下来，每天几乎是 8 小时"学习制"。

起初，萱萱还表现得饶有兴趣，时间一长，她就开始有点厌倦了。再后来，萱萱对学习有了抵触情绪，不爱参加培训班，幼儿园的学习成绩也不升反降。更可怕的是，原本活泼开朗的萱萱也变得少言寡语。此时，刘女士才意识到了问题的严重性，急忙寻求教育专家的帮助。

其实，在生活中，像刘女士这样的父母不在少数。有调查表示，至少有一半以上的学龄前儿童或小学生，会在正常的幼儿园或小学课堂学习以外，接受至少一项兴趣培训，而这些培训往往是父母强加给孩子的。

究其原因，是因为很多父母生怕自己的孩子会输在起跑线上。事实上，这样的"超前教育"未必会取得良好的效果，甚至可能会适得其反。因为孩子的成长是有规律的，要知道，教育不是"拔苗助长"。

早在一百多年前，意大利著名教育家蒙台梭利就明确地指出，在儿童成长中的某个阶段，只对环境中的某一项事物专心而拒绝接受其他事物，这个阶段就叫作敏感期。

蒙台梭利通过对婴幼儿的观察研究，共归纳出九种敏感期：语言敏感期（0~6岁），语言能力影响孩子的表达能力，良好的语言能力可为日后的人际关系奠定良好的基础；秩序敏感期（2~4岁），幼儿的秩序敏感力常表现在对顺序性、生活习惯、所有物的要求上，当孩子从环境里逐步建立起内在秩序时，智能也因而逐步建构；感官敏感期（0~6岁），孩子从出生起，就会借着听觉、视觉、味觉、触觉等感官来熟悉环境，感受周围事物；对细微事物感兴趣的敏感期（1.5~4岁），这时正是培养孩子注重细节和缜密思维的好时机；动作敏感期（0~6岁），这时是孩子活泼好动的时期，父母应充分让孩子运动，使其肢体动作正确、熟练，并帮助左、右脑均衡发展；社会规范敏感期（2.5~6岁），这时，父母应与孩子建立明确的生活规范、日常礼节，使其日后能遵守社会规范，拥有自律的生活；书写敏感期（3.5~4.5岁），这一时期对儿童进行书写训练具有很重要的意义；阅读敏感期（4.5~5.5岁），父母可选择多种读物，为孩子布置一个读书的好环境；文化敏感期（6~9岁），父母可在此时提供丰富的文化信息，以本土文化为基础，延至关怀世界的大胸怀。

敏感期对于儿童的成长发展有着极其重要的作用，是其发展心智能力的黄金期，并且这一时期一旦过去就再也不会回来，是不可逆的一段时期。它不仅是儿童学习的关键期，也会影响到其心灵与人格的健康发展，甚至影响他整个人生的命运走向。

因此，在日常生活中通过观察孩子"匪夷所思"的行为，准确捕捉到他的敏感期，适时引导、趁势教育、开发智力、挖掘潜能、养育身心、培养综合能力，将成为每位合格家长的必修课。

假如父母能够迅速捕捉到孩子的敏感期，在适当的时候给予帮助，而且善于利用这个时期孩子的特点，将起到事半功倍的效果。

相反，如果孩子在敏感期的兴趣遭到妨碍而无法发展，父母就会丧失以自然的方式来教育孩子的机会。

完美的成长需要抓住完美的时期，敏感期正是教养的重点。敏感期是自然赋予幼儿的生命助力，如果敏感期的内在需求受到妨碍而无法发展，就会丧失学习的最佳时机，日后若想再学习此项事物，不仅要付出更大的心力和时间，成果也不佳。

了解了敏感期的有关知识，作为父母，就不该再对孩子进行"拔苗助长"式的教育，而应该尊重孩子成长的脚步，正确把握孩子的敏感期，在每一个敏感期对其进行相应的训练和智能开发，成就孩子的完美人生。

【怎么听怎么说之现场演练】

引导孩子说出他的成长周期

我们作为家长可以多给孩子列一些选项，看看他们对哪方面的问题更感兴趣。

问题 1：你现在能认识多少字？喜欢背唐诗吗？（识字能力）

孩子的反应 _____

问题 2：平时你喜欢说英语吗？广播中的英文能听懂多少？（语言能力）

孩子的反应 _____

问题 3：爸爸妈妈给你报的兴趣班，你最喜欢哪一个？（兴趣特长）

孩子的反应 _____

问题 4：你平时喜欢和你的小伙伴们一起玩吗？（交际能力）

孩子的反应 _____

问题 5：带你看的电影，你印象最深的电影是哪一场？（艺术情操）

孩子的反应 _____

问题 6：这个电视剧的情节安排，你觉得都是合理的吗？（逻

辑能力）

孩子的反应 _____

　　根据孩子的具体情况，你大可围绕这六个方面的问题来询问孩子的真实想法，就可以大概判断孩子目前的发展状态。对于他不喜欢的，你可适当引导，但是不要强求。

第2章　倾听，沟通的第一步

放低姿态，把倾听当作一种愉悦

其实，每个孩子都有希望父母关注和倾听自己说话的渴求。作为父母，对于孩子的这种渴求当然也应当尽力去满足，并且在倾听孩子说话的同时，放低自己的姿态，不做指导者，给予孩子平等和尊重，这样更能使孩子感受到你是在乎和关心爱护他的，这对于发展孩子的语言能力来说至关重要。

"知心姐姐"卢勤在她的《好父母，好孩子》一书中就给我们讲过这样一个自己亲身经历的故事。

每次孩子回家，总是兴致勃勃地给我讲幼儿园里的事，不管我爱听不爱听。儿子需要一个忠实的听众，而妈妈就是最合适的人选。

遗憾的是，开始我没有意识到孩子的这个需求，总觉得听孩子说话，浪费了我写稿子或思考的时间。所以，每次孩子和我讲话，我总是做出很忙的样子，眼睛左顾右盼，手里还不停地翻动着书报。

没想到，我的忙碌给孩子的语言带来了障碍。由于他是个思维很快的孩子，为了在有限的时间里把话说完，就讲得很快，慢慢地讲话就变得结结巴巴。

这引起了我的注意，我也开始注意改变自己，尽量抽出空来，倾听孩子讲话。

可见，父母学着倾听孩子说话，对孩子语言能力的发展是有重要影响的。此外，对于那些不听话的孩子，也只有放下姿态，倾听他们说话，父母才可能真正地了解其不听话背后真实的想法。

在现实生活中，当遇到孩子不听话的时候，大多数父母都只会摇头、吐苦水：孩子内心究竟是怎么想的？他怎么什么都不肯告诉我？然后抱怨孩子不懂事。

实际上，要想打开孩子的心门，探究他的内心世界，父母能做的就是放下自己的姿态来倾听。

耐心倾听孩子的诉说，让孩子体会到关爱和温馨，这才能使孩子与父母更加亲近。许多父母虽与孩子朝夕相处，但却不曾真正了解孩子的想法。如果父母不了解孩子的想法，那就很难有效地应对孩子的不听话行为。

父母要想纠正孩子的不听话行为，就需要放下姿态，亲近孩子，倾听孩子，走进孩子的内心。

晨晨今年12岁，是一名小学三年级的学生，上课老是调皮捣蛋，老师和同学们都很头疼。晨晨的父母更是头疼。他们对晨晨总是各种训导，可是晨晨依旧我行我素。

有一天，晨晨的妈妈在收拾晨晨书桌的时候，发现了他夹在书里的纸条，纸条上写着：爸爸妈妈从来都不听我说话，不了解我心里想什么，不关心我。晨晨妈妈突然意识到，孩子调皮捣蛋可能只是想引起父母的注意和关心。

于是，等晨晨放学后，妈妈专门找他谈话。

"晨晨，来跟妈妈聊会儿天，好吗？"

"你又要训斥我了吗？"

"不是，这次，你说，我听。"

"真的？"

"真的。"

"可是，说什么呢？"

"那就说说你为什么在学校里调皮捣蛋的事情吧，还有为什么会这么做呢？"

晨晨便很认真地对妈妈说起了自己在学校里如何调皮捣蛋，还有为什么要如此。

妈妈便问晨晨："如果我们以后都能认真地听你说话、关心你，你是不是就不再调皮捣蛋了？"

晨晨点了点头。

每个不听话的孩子心里都有一个声音，只要做父母的放低姿态就一定能听得见。

此外，对于建立和谐的亲子关系而言，父母放低姿态来倾听孩子说话也是必不可少的。没有人喜欢跟一个高高在上的人整天讲自己的心事，孩子也是如此。

欣怡已经上初中了，却很少体现出对父母的叛逆情绪，相处融洽，周围的同学和老师也都夸奖她是一个优秀的孩子。

　　邻居们更是羡慕欣怡的父母有这样一个乖巧的孩子，几乎每天，他们都可以看到欣怡的妈妈和欣怡坐在小区楼下公园的草地上开心说笑的场景。

　　"哎哟，欣怡妈妈真是好命，欣怡这么听话，跟妈妈好像是朋友，我们家依依什么事情都不愿跟我说，我们母女就像陌生人。"依依的妈妈对欣怡的妈妈说。

　　"阿姨，其实，不仅我听妈妈的话，妈妈很多时候也听我说话呢。"欣怡抢着说道。

　　"其实，要想和孩子成为朋友，就应该听听孩子内心的声音。这时候，不妨坐下来，坐在孩子身边，很愉悦地倾听孩子说话，试想孩子怎么会不愿意跟你说自己的心事呢？对不对，欣怡？"欣怡的妈妈一边对依依的妈妈说，一边摸着欣怡的头。

　　"对!"欣怡高兴地回答道。

　　总之，放低姿态，倾听孩子的诉说，对父母和孩子而言都是有益处的。那么，父母应该如何放低姿态，倾听孩子的心声呢？

【怎么听怎么说之现场演练】

放低姿态学倾听

　　和孩子交流，是一门学问，也是一门技术。如果一个家长不懂得沟通，和孩子说的话越多，越会起到相反的效果。

实际上，沟通的重点在听而不在说。如何放低姿态，让孩子愿意将自己的心里话说给你听呢？一起来检查一下我们是否做到以下几点：

1. 你是否能做到尊重孩子的感受？

能（列举具体做法）_____

不能 _____

当孩子叙述一件事情时，父母应该安静、专心地倾听，不要给予评判。父母可以不接受孩子的某些想法和行为，但是必须要尊重孩子的感受。

2. 你会向孩子显示自己正在努力倾听吗？

会（列举具体做法）_____

不会 _____

当孩子和我们讲话的时候，即使我们正在忙着做事情，也要将目光转向孩子，保持彼此目光的接触，并仔细地倾听，同时还要不断点头说"嗯……""是的……"等来显示对他的注意。

3. 你会主动跟孩子说你的想法和看法吗？

会（举出具体做法）_____

不会 _____

仅仅是倾听和理解还不够，父母要对孩子所说的话做出相应的回应，主动表达出自己的意思。

4. 你觉得"听"是一件值得学习的事情吗？

认同 _____

不认同（说出理由）_____

其实在生活当中，大多数人都习惯自己说话，不习惯听别人讲话，尤其是当父母面对孩子的时候，更是滔滔不绝。不听孩子说，怎么知道他在想什么呢？不听孩子说，又怎么能够了解、管教他呢？

5. 你经常使用责骂的方式和孩子交流吗？

是（举个最激烈的例子）_____

不是 _____

如果父母经常用责骂的方式和孩子说话，久而久之，孩子就会用"懒得理你"来回敬。实际上，当孩子以这种方式对抗父母的时候，已经对父母失望了——与其沟通不良，干脆一切免谈。

用温和的态度来对待孩子

父母对孩子的态度非常重要，这会直接影响到孩子对自己的看法、孩子的智力及能力发展，甚至会影响到孩子的行为及道德发展。可惜大多数的父母都意识不到这些，他们觉得自己的态度和孩子的发展没有必然联系。

但实际上，孩子的各种行为都会受到父母态度的影响，甚至孩子的一些品质也都会受到父母态度的影响。

曾经有一位教育专家说过："提到才智，那么评价就等于成就。"父母对待孩子的态度对孩子的能力形成往往会有巨大的影响。如果父母认为自己的孩子很优秀，那么孩子也会积极地朝着优秀的方向努力。

兵兵上小学的时候成绩优异，这让爸爸妈妈引以为荣。但是自从他上了初中之后，可能是有一些不适应，学习成绩就不如从前了。

自从兵兵学习成绩下降之后，家里就充满了火药味，爸爸妈妈对他的退步感到十分不安，有时难免在话语中透露出焦急。为了帮助兵兵赶快提高成绩，妈妈到处打探哪里的补习班好，然后为兵兵报名学习，一个学期下来，花掉了好几千元，但是兵兵的成绩却不见有什么长进。眼瞅着兵兵成绩一路走下坡路，爸爸妈妈对兵兵说话也开始刻薄起来。

"看看人家的命怎么这么好，不花一分钱，孩子照样考前几名，我怎么就生了这么笨的孩子，花多少钱也换不来好成绩。"妈妈有时会这样抱怨。

"看看人家孩子的命多好，爸爸妈妈不是厂长就是干部，我怎么这么倒霉，投胎到这么普通的家庭。"兵兵显然不买妈妈的账，开始顶嘴。不过，听兵兵这么一说，妈妈也是哑口无言。

爸爸妈妈对兵兵的这种尖酸态度，让兵兵很不满意，也很寒心。他觉得没有了爸爸妈妈的鼓励，也失去了上进的动力。

其实，父母对孩子的态度不仅会影响到孩子的智力发展和学习，还会影响到孩子能力和人格的发展，比如说孩子的社会适应能力、人际交往能力、自主能力、独立能力等等。人的这些能力是在童年时代奠定基础的，父母对待孩子的态度，对孩子在这些方面能力的形成有巨大影响。

父母是用温和的态度鼓励孩子去和其他孩子交往，还是限制孩子的交往？是有意让孩子在某种环境受到挫折，得到锻炼，还是害怕孩子受到挫折，把孩子保护起来？当孩子受到挫折是帮助、鼓励孩子，还是讽刺、嘲笑孩子，甚至让孩子在挫折面前逃避？这都将对孩子造成重大的影响。

　　苏晴的父母都是心理学专家，他们深知父母的态度对孩子成长的影响，因此在教育孩子的过程中很注重自己的态度。

　　每次苏晴犯了错误，惴惴不安的时候，她的妈妈总是先安慰她，然后很温和地给她陈述事情的利害关系。父亲也积极地帮助苏晴改正错误。

　　今年苏晴被评为市级三好学生，老师在开家长会的时候，请苏晴来给全班的同学做一个演讲。站在讲台上的苏晴说："现在的我能成为一个优秀的高中生，我觉得除了老师的辛勤培养，我更需要感谢爸爸妈妈的培养，不管是我有意无意犯了严重的错误时，还是我胆小怕事需要人鼓励时，他们总是用一种温和的态度对待我，从来不曾大声训斥我。这给了我自信，也给了我温和的性格。"

　　很多家庭教育方面的专家都发现，如果父母对孩子持有消极、粗暴的态度，就可能造成孩子的行为向不良或不健康的方面发展。反之，如果父母对孩子持有积极、温和的态度，就会使得孩子的行为向良好、健康的方面发展。

　　只有在父母温和、细心的鼓励和帮助下，孩子才能建立起较好的自我评价和自我意向，建立起自信心，从而很好地发展出自主能力、独立能力和其他社会能力，为一生奠定良好的基础。

这种温和的态度对孩子的影响在孩子犯了错误的时候最为重要，一般而言，当发现孩子犯了错时，父母如果能注意控制自己的情绪，从孩子的角度出发，用温和的态度对孩子讲清楚问题的后果，让孩子认识到自己的错误，孩子就会主动地去改正错误。

很多父母也想用温和的态度对待孩子，但往往控制不住自己的情绪。那父母要怎么样才能控制好自己的情绪呢？

【 怎么听怎么说之现场演练 】

让孩子感受到温和的妙方

既然家长的心态能够影响孩子，那么我们必须要多注意自己的态度是否让孩子厌倦。下面介绍一些方法，帮助你温和地对待孩子。你也可以对照反思一下自己之前对孩子的态度是不是妥当。

1. 你认为自己控制情绪的能力怎么样？能够保持一个平稳的心态吗？

能（可以说说具体做法）＿＿＿＿＿＿＿＿＿＿＿＿＿

不能 ＿＿＿＿＿＿＿＿＿＿＿＿＿＿＿＿＿＿＿＿＿＿

当孩子犯了错误，或者做了一些让父母难以接受的行为，有些家长会一时激动，控制不住自己的情绪，对孩子训斥或打骂。表面上看来，孩子会在我们的训斥之下变得更加听话，但是他们会受到惊吓，其实对于他们的情绪稳定和心理发育是有害的。时间长了，孩子即使心里有事情也不愿意同我们说。

2. 你善于使用冷处理的方式面对孩子的过错吗？

能（可以想想自己的经历）＿＿＿＿＿＿＿＿＿＿＿＿

不能 _____

孩子犯错误了，你着急上火，恨不得给他一巴掌。但是切记，在这个时候，尤其需要冷处理，在自己极端愤怒的时候千万不要教育孩子，还是先冷静一下，或者去外面待上三分钟再回来，等心情平静了再教育孩子。这样做，是杜绝粗暴教育的最好方法，可以客观地处理孩子的问题。

3. 在孩子的心目中，你是一个积极乐观的家长吗？

是（为什么这样认为）_____

不是 _____

在日常生活当中我们要注意，不要在孩子面前表现出消极的情绪，那样会使孩子处在一种不和谐的家庭环境中。我们想要让孩子乐观向上，首先自己要做到乐观向上。如果我们总是有消极情绪，那么难免会使孩子多少受到影响，导致情绪上发生变化。

总之，作为家长，我们最好是尽自己的努力，用温和的态度来对待自己的孩子。当我们为孩子的错误而烦恼时，不妨静下心来，冷静客观地分析孩子，然后用温和的态度来耐心开导孩子。

尊重孩子的话语权

露露是个小学生，今年已经上四年级了。她从前是个活泼开朗的孩子，不过现在变得总爱一个人发呆。为什么会这样呢？露露的老师经过几次家访，才知道露露为什么会变得如此沉闷。

原来，以前露露有个习惯，每天放学回家之后，就会兴高采烈地把学校里发生的趣事都说给爸爸妈妈听，但是露露的爸爸妈妈只关心露露的学习，对露露说的那些话毫无兴趣，甚至觉得露露的那些话一点儿用都没有，简直就是在浪费时间，大多数的时候都要阻止露露说这些学校里的故事。刚开始的时候爸爸妈妈阻止露露的讲话态度还比较温柔，妈妈会蹲下来，对露露说："好了，孩子不要说了，去看书吧，乖！"这时候的露露也都是悻悻地回到自己的房间中。

有一次，露露又忍不住说了班级里发生的事情，正说得兴高采烈之时，性格本来就有些粗暴的爸爸突然打断她："跟你说过多少次了，让你别说那么多废话，你还说，有完没完啊。写作业去！"露露被吓坏了，没说完的话也不敢说了，一个人心惊胆战地回到自己的屋子里去了。

后来，露露在家里的话越来越少，不过她的学习成绩也没有因此而提高，性格却变得越来越沉闷。

露露这样的情况并不少见，很多家长都不够重视孩子说的话。家长们总是以大人自居，自以为是地认为小孩子就应该怎样怎样，甚至用自己的意见来教训孩子，这些做法都非常不妥当。亲子之间的沟通交流是影响亲子关系、影响孩子性格发展的重要方面。

很多家长会习惯性地忽视孩子的讲话，不尊重孩子的说话权，不重视倾听孩子的心声，时间久了之后，就会严重影响亲子关系。

更为重要的是，话语权得不到尊重的孩子，慢慢地就不再跟父母分享自己生活和学习中遇到的问题了，作为父母也就很难知道孩子心里真实的想法，而这样对孩子的教育也是非常不利的。

美美9岁了，上小学三年级，平时就是一个安静内向的孩子，很少主动去找父母说自己的心事。有一次，数学考试不及格的美美被老师当着全班同学的面讥讽为白痴。美美很伤心，回到家里，很想跟妈妈说说今天学校发生的事儿。

"妈妈，我有事情想跟你说。"

"学校里的事情吧，不是说了吗，不要每天回来就一个劲地讲你们学校的事情。"

"可是，妈妈……"

"好了，美美，妈妈很忙，去写作业吧。"

美美默默地回到了自己的房间。想想白天发生的那件事情，她很害怕上第二天的数学课。

从此以后，每次上数学课，美美都担惊受怕，数学成绩也一落千丈。

试想一下，如果在那天晚上，美美的妈妈没有以忙为借口而不听美美说话，事情又会是怎样的呢？也许妈妈就会了解到美美对数学课的恐惧，会帮助她去正确面对。

不尊重孩子的话语权，也会影响孩子其他能力。家长如果不能尊重孩子的话语权，想打断就打断，一方面不利于孩子语言能力的提高，另一方面也容易让孩子产生自卑心理。所以，尊重孩子的话语权，让孩子自由地说出自己内心的想法，对孩子的成长至关重要。

下面总结了一些家长习惯性的不当行为，可以对照一下，你是否也有类似问题：

1. 从来都不注意孩子倾诉的需求，当孩子主动找你说话的时候，总是以忙为理由，不愿意去倾听。

2. 当孩子兴致勃勃、滔滔不绝地讲话时，你总是习惯性地将其打断。

3. 能够在生活方面将孩子照料得很好，但在真正平等地对待孩子、注意孩子自尊方面做得很不够。

4. 如果孩子在学习和生活上有什么问题，不愿意听他们的倾诉，更不愿意帮他们分析原因。有时根本不等孩子把话说完，轻则呵斥，重则打骂，孩子也就只好将话又咽了回去。

家长在教育孩子的过程中应该谨慎地避免以上习惯性不当行为的出现。我们都知道，人和人之间的沟通无非就是倾听和诉说，如果家长不尊重孩子的话语权，无疑是给自己和孩子的沟通筑了一堵厚厚的"墙"。

如果想要孩子敞开心扉和自己聊天，那么就先从尊重孩子的话语权开始吧。

【怎么听怎么说之现场演练】

从形式到内容表达对孩子的尊重

每一个孩子都渴望自己说的话能够受人重视。作为家长，我们应该尊重孩子的说话权，对孩子的倾诉多一些耐心，那么孩子遇到事情才会愿意和我们倾诉。

当和孩子在一起交流时，有些小节是必须要注意的，看看你是否都做到了：

谈话时用眼睛注视着孩子 _____

不在孩子说话的过程中随意插话 _____

尽量表达出对话题有兴趣 _____

鼓励孩子发表他的观点 _____

能够完整地听孩子讲述一件事 _____

在某项重要原则上表示出自己的否认 _____

听孩子说话，做到耐心、细心 _____

和孩子交谈时不会随便打岔 _____

和孩子交谈时不会随便否定 _____

和孩子交谈时不会随便责备 _____

看看我们能不能做到这些呢？做到了这些，你就能算得上是一个尊重孩子话语权的家长了。

作为家长，我们应该下功夫学习如何与孩子交流，并且学习多种方法引导孩子和我们交流，营造出更加友好的语言氛围。

耐心地听孩子把话说完

每个孩子都有自己的心声，但未必能像大人期待的那样表达清晰，作为家长一定要耐心倾听，这样才能真正了解孩子的想法和感受。

当孩子在说话时，要用眼睛看着他，表现出你有兴趣听。当实在忙时，要和孩子说明，并约定好可以交流的时间。如果家长在某一重要原则上表示不同意孩子的看法，应告诉孩子不赞同他的什么观点，并说出理由。但是在提出反对意见时不要过于武断，应等孩子说完他要说的话后再评断。即使孩子说得不对，也要控制住火气，不妄下定论。

一位母亲问她5岁的儿子："假如妈妈和你一起出去玩时渴了，一时又找不到水，而你的小书包里恰巧有两个苹果，你会怎么做呢？"

儿子小嘴一张，奶声奶气地说："我会把每个苹果都咬一口。"

虽然儿子年纪尚小，不谙世事，但母亲对这样的回答，心里多少有点儿失落。她本想像别的父母一样，对孩子训斥一番，然后再教孩子该怎样做，可就在话即将出口的那一刻，她突然改变了主意。

母亲握住孩子的手，满脸笑容地问："宝贝，能告诉妈妈你为什么要这样做吗？"

儿子眨眨眼睛，满脸童真地说："因为……因为我想把最甜的一个留给妈妈！"

那一刻，母亲的心里欣慰极了，她在为儿子的懂事而自豪，也在为自己给了儿子把话说完的机会而庆幸。

家长耐心地倾听孩子的诉说，不仅有助于了解孩子真实的想法，还能够让孩子把更大的兴趣投入到谈话中去。相反，如果家长没耐心倾听孩子的诉说，孩子对谈话的兴趣也很容易就降低了。

欣欣5岁了，是一个活泼可爱的姑娘，她的父亲是财税局的一名工作人员，妈妈是幼儿园的老师。欣欣每天从幼儿园回来总是叽叽喳喳地说个不停，妈妈也总是很愿意倾听欣欣说。

这个暑假，欣欣跟着妈妈去了乡下的姥姥家里，看到了很多让她觉得吃惊不已的事情。刚回到家里，她就跑到爸爸的书房。她很想把这些事情告诉爸爸。

"爸爸，我跟你说，我看见萤火虫了，一闪一闪地，很漂亮的。"欣欣一边说一边还挥动着手臂做了一个飞翔的姿势。

"哦。"爸爸继续把头埋在自己的文件中。

"爸爸，我也看见了核桃树、苹果树、桃树、很多树。"欣欣看爸爸头也没有抬起来，兴趣就开始降低了。

"哦。"爸爸还是继续看他的文件。

欣欣站在爸爸桌子旁边，看了爸爸好久，转身泪眼汪汪地从爸爸的书房走了出来。

父母不只是在孩子有话说的时候要耐心倾听，在孩子有问题要问的时候更应该耐心。

爸爸带着女儿去动物园里玩，女儿很兴奋。一个劲儿地问爸爸各种各样的问题。

"爸爸，爸爸，鸟儿怎么能在天上飞，老虎怎么就飞不起呢？"

"因为鸟儿有翅膀，老虎没有呀！"

"爸爸，爸爸，狮子是从哪里来的呀？"

"从大草原上来的。"

"爸爸，爸爸，大象的鼻子怎么那么长呀？"

"好了，这孩子你怎么这么多乱七八糟的问题，别问了。再问下次就不带你来动物园了。"

女儿立马闭上了嘴巴，不敢再问了。

我们都知道，孩子对世界充满好奇，他们的脑子里也经常充满各种问题。大多数父母在孩子问第一个问题的时候还是充满耐心的，如果孩子连问三个问题，一些父母往往就会不耐烦了，粗暴地打断孩子，不让孩子再问了。这种做法其实极大地伤害了孩子的好奇心。

在家长在和孩子交谈时，还有一些细节需要特别注意：如家长一边忙自己的事情，一边听孩子说话；随意打断孩子说话；随意打断孩子的提问。这些行为都会让亲子沟通大打折扣。

静下心来，耐心地听孩子把话说完，走进孩子的世界，回答孩子的问题，这样才能创造更多与孩子交流的机会，才能真正地做到教育好孩子。否则，所谓的"教育"只能称为抚养。

【怎么听怎么说之现场演练】

向孩子表现出你的耐心

倾听是我们和孩子保持良好沟通并且能够及时了解孩子内心世界的渠道，是呵护孩子求知欲望和好奇心的基本手段。你有没有向孩子表现出耐心呢？应该怎么来做呢？一起来看看下面的一些做法吧：

1.孩子讲话的时候，你会出现以下做法吗？哪一个是你最常用的？

A. 不耐烦地打断孩子 _____

B. 心不在焉地敷衍 _____

C. 认真地听孩子把话说完 _____

可能我们会认为，孩子的话毕竟是天真的，没有多大意义，真是懒得听。这实际上就是打断了孩子的求知欲和好奇感，扼杀了孩子的探索心和进取心。

2. 孩子正在说你一点儿也不了解的话题，你会采用什么样的做法呢？

A. 把孩子敷衍掉，不听他说 _____

B. 直接告诉他：我不懂 _____

C. 微笑着认真倾听他的诉说 _____

D. 装作听懂的样子，表现出兴趣盎然 _____

孩子说的事情，在我们看来可能是小事，但是在孩子看来，那是大事，是值得一说的事情。

在网上，有一位母亲分享了她的《没耐心歌》，在这里也分享给家长们，大家一起共勉。

当孩子要你再讲个故事时，没耐心的你找借口推脱，推掉了他的求知欲。

当孩子打破砂锅问到底时，没耐心的你厌烦的表情，烦掉了他的好奇心。

当孩子要求你陪他玩耍时，没耐心的你忙着自己事，忙出了他的孤独感。

当孩子正向你诉说苦恼时，没耐心的你打断了话语，打跑了他的亲和力。

当孩子汇报不合格成绩时，没耐心的你来一顿责骂，骂掉了他的自信心。

当孩子因怕挨打而说谎时，没耐心的你真给一顿打，打掉了他的诚实观。

鼓励孩子说出内心的想法

在家庭教育当中，很多父母都认为培养孩子的独立性是一件很重要的事情。可是独立的第一步从哪里开始呢？那就是父母应该允许孩子有自己的观点和看法，并且鼓励孩子说出来，甚至当孩子的观点和自己的想法有冲突的时候，鼓励孩子与自己争辩。

当一个人对很多事情开始有了自己的想法时，就说明他开始慢慢地独立思考。因此不要阻止孩子说话，要知道在当今社会，培养一个会说话的孩子比培养一个会听话的孩子更重要。当一个孩子说出自己想法的时候，实际上也是其思考和加深对周围事物理解的过程；如果一个孩子能与父母争辩，那么就意味着他自我意识不断增强和心智日益成熟。

没有一个孩子的思想是在一夜之间能够变成熟的，他们需要一个成长和提高的过程，在这个过程中，他们很渴望说出自己的想法，有时候也难免会和父母发生争论，这就要求父母摆好自己的心态，不要为了维护自己所谓的"权威"而冲昏头脑。

君君今年刚上初一，他是一个活泼好动的男孩，课余时间特别喜欢体育运动，尤其是踢足球，但是他的父亲认为孩子踢球会耽误学习，时时敦促他好好学习。

这一天，君君和几个伙伴踢球玩，回家稍微有些晚了，他害怕挨骂，赶快和伙伴们一起往家走。

果不其然，他刚走到路口，就看到爸爸已经在楼下等着。爸爸看到他的第一句话就是："成绩不怎么行，玩起来倒是很有劲，我看你将来怎么考大学。"

爸爸的话让君君觉得很没有面子，他争辩道："我今天的作业都完成了。我很久没有痛快踢球了，今天破例晚一点儿，你也不用这么生气吧。"

"今天破例，明天破例，以后就不用学习了。我生气还不是为你好。你还敢在外人面前跟我顶嘴，翅膀硬了是不是？都不知道你以后想怎样。"

"爸爸，你根本就不知道我在想什么！"

就这样，君君和伙伴们闷闷不乐地各自回家，完全没有了先前的愉快气氛。

孩子有自己喜欢的娱乐活动，这本来是再正常不过的事情，但是家长却认为这是不务正业，不由分说地对孩子大加责备。

其实，故事中的君君已经向爸爸表示了自己是以学业为重，是在做好作业之后才去踢球的，但是父亲却因为反感孩子"顶嘴"的行为，完全不顾及孩子内心的想法就断定他是在动摇自己的家长权威，因此引发了父子之间的巨大矛盾。

在鼓励孩子说出自己内心的想法时，最忌讳的就是拿家长的权威去压孩子。有些时候，孩子可能会迫于家长的权威，说出一些违心的话，甚至不惜撒谎。

18岁的杨刚要考大学了，对于自己未来学什么专业，杨刚心里早有了打算，他准备报考社会学。因此当爸爸问他时，他几乎是不假思索。

爸爸听了，半天轻轻说了一句："那个专业就业很不好，希望你慎重考虑一下金融学。"说完转身回到了自己的房间。然后杨刚就听到了房间里爸爸和妈妈争吵的声音。

原来，妈妈支持杨刚的决定，爸爸反对，希望儿子能去学就业前景比较好的金融学。刚开始父母只是偶尔争吵一下，后来争吵的次数越来越多。

有一次，杨刚实在受不了父母每天这样争吵了，于是就对爸爸妈妈说："好了，你们不要吵了，我想了一下，觉得金融学也不错，就报金融学吧！"

殊不知，这只是杨刚的一个谎言，他还是坚持自己的喜好，在填报志愿时填写了社会学，只是当父母知道时，已经无济于事了。这件事让杨刚的爸爸生气了好久，他想不到儿子竟然会欺骗他。但是，志愿也已经报了，他也无可奈何。

总之，父母在教育孩子的过程中，只有鼓励孩子说出自己内心的想法，才有可能让自己的教育起到积极的作用。那么父母怎样鼓励孩子说出内心的想法呢？

鼓励孩子说出内心的想法

鼓励孩子将心中的想法说出来，这是走向成功沟通的第一步。不认真倾听孩子说话，不让孩子把话说完，这是对孩子的不尊重，久而久之，会伤了孩子的心，并且使孩子产生和家长的对抗情绪，造成沟通困难。

1. 再无聊的话也要鼓励孩子说下去。

孩子对你说："妈妈，我今天做了一个很美好的梦……"你会有什么反应？

A. 一个梦有什么好说的？打断孩子的话 _____

B. 认认真真地听孩子讲他的梦 _____

我们家长要想和孩子沟通，最重要的是尊重和理解孩子，让他有话痛快地说。多听孩子的话，就能够更多地了解孩子的想法，进而我们可以摸准孩子的脉，沟通上就会畅快很多。

我们要对孩子说的话表现出极大的兴趣和认真的态度，这才会使孩子对父母产生亲近感。孩子一旦认为自己所讲的话被父母接受了，那么他们就会对说话产生自信。

2. 多听少说，给孩子话语权。

很多时候，父母与孩子交流时未必一定要说什么，安安静静地听孩子把话说完，可能就已经满足了孩子心理和情感需求。在孩子说话时，父母的关注、尊重和耐心，是对孩子最好的理解和帮助。

平和、耐心地去倾听孩子的内心想法，不要着急去判断，那么我们一定能够听到孩子最善良的心语。有的时候我们与孩子沟通不良的一个重要原因就是：我们过于主观，并没有静下心来倾听孩子的真实想法，还埋怨孩子，随意打断孩子的话，使孩子关闭了心灵的窗户，再也不愿意和我们交流了。

不要随意打断孩子的诉说

于涛的妈妈是一个爱唠叨的人，一看到他有什么表现不合她的意，就会说个不停。可是她却很少停下来听听孩子的意见和说法，在孩子向她倾诉的时候总喜欢打断孩子的话。

有一次，于涛的学校举办校运会，于涛参加的是长跑，在这项比赛中，他跑出了全校第一名的好成绩。晚上，他拿着奖状和奖品兴高采烈地回到家，看到妈妈在家，便忍不住想跟妈妈分享一下自己的喜悦。

"妈妈，我们学校今天举行了校运会，我参加了长跑。参加长跑的很多人都是高年级的，水平很高啊。"于涛说得津津有味。

此时妈妈正忙着打扫屋子，似乎没听清楚，就说了句："嗯，快去写作业吧。"

"可是，我今天还是跑了第一名，在跑前面两圈的时候，我前面还有好几个人呢，我以为自己要跑倒数了，谁知却后来居上……"没等于涛说完，妈妈就打断他说："你这孩子，叫你去写作业，你没听到啊！整天就知道不务正业。跑步好有什么用？重点大学能因此就要你了？"听完妈妈的话，于涛觉得很没意思，悻悻地走了。

在成人交际中，我们知道随意打断别人的话是不礼貌的行为，但在与儿童的沟通中，却容易忽略这一准则。结果，有不少家长就像于涛的妈妈一样，根本就没有耐心听完孩子的诉说，随意打断孩子的话，令孩子失去了倾诉的欲望，不愿意多跟父母交流自己的想法、分享自己成长的经历，影响了和谐亲子关系的建立。其实，和孩子建立良好的亲子关系并不难，不随意打断孩子的说话，就是一个简单而实用的方法，能起到完全不同的教育效果。

如果父母总是随意打断孩子的话，就会造成诸多消极的影响：一是会让孩子觉得自己得不到父母的尊重，长此以往，他们就会习惯于把话藏在心里，不肯对父母说；二是会让孩子觉得自己和父母的地位是不平等的，自己的说话权得不到重视，时间长了，孩子就会与父母产生对抗情绪，以致双方相互不信任，沟通困难；三是可能会影响孩子语言表达能力的提高和性格的发展，一些孩子可能会因此而变得自卑、内向、沉默寡言。

琪琪是家里的独生女，但是却没有一点娇滴滴的姿态，相反很像个男孩子，平时大大咧咧、外向活泼。同学们都给她起了一个外号叫"琪哥哥"，她自己对于这个外号也欣然接受。

在学校，琪琪学习成绩还不错，老师也经常夸奖她。尽管这样，但琪琪的父母总觉得一个女孩子必须要做一个淑女，这样才能有气质、有未来，因此他们打算改变琪琪的这种性格。

以前，琪琪回来的第一件事情，就是对爸爸讲一讲她今天又做了什么让同学们吃惊的事情。有一天，琪琪依旧高兴地回到了家中，看到爸爸坐在客厅里看电视，就扔下书包，跑向了爸爸。

"爸爸，我告诉你一件事情。"琪琪边说边走向爸爸。结果琪琪还没有走到爸爸跟前，爸爸突然站了起来。

"琪琪，我现在要跟你说一件事情，那就是我希望你以后每天回到家里能安静点，不要喋喋不休。"

"你先不要打断我，听我说完，再听你说嘛。"琪琪委屈地嘟着嘴说道。

"以后，你要是每天回到家中继续说个不停，我会一直打断你说话，直到你不再说为止。"

"你们这是干吗呀？为什么不让我说话呀？"琪琪突然大声哭了起来，可是爸爸依旧不为所动。

后来琪琪果真如她的父母希望的那样安静了下来，再也不跟父母说自己的事情了。

有调查显示，70%~80%的儿童心理问题和家庭环境有关，特别是与父母对孩子的教养和交流沟通方式不当有关。为了帮助孩子健康成长，父母不仅需要平时多与孩子沟通和交流，更应该在双方对话的时候多点儿耐心倾听，少打断孩子说话。

【怎么听怎么说之现场演练】

提醒并鼓励孩子把话说完

孩子虽然小，但是他们也有自己独立的人格，有表达内心感受、阐述自己看法的自由。让孩子把话说完，是对孩子人格的一种尊重。孩子如果说得有理，那就赞赏；孩子说得不合理，那就进一步交换意见，直到解开孩子心中的疙瘩为止。只有这样，才能建立起健康、和谐的家庭关系。

1. 当孩子欲言又止的时候，你会怎么做？

觉得无所谓 _____

鼓励他把话说下去 _____

孩子也有话语权，当他想说话的时候，我们应该给他表达的机会。一个孩子如果总是被"住口"二字打断，慢慢就会变得沉默，并且变得懒得跟大人交流了。大人的这种"禁言令"让孩子觉得自己根本不受重视，说了也是白说。所以，当孩子想说话时就让他尽情地说，当孩子沉默的时候就鼓励他说。鼓励孩子说出内心的想法、不满或者委屈，会让孩子变得善于思考，也会使他的自主意识得到加强。

2. 当孩子说话的时候，你的表情神态是？

孩子说他的，我干我的 _____

表现出专心听的样子 _____

当孩子向大人们倾诉的时候，父母亲最好做出很重视的样子，这样会让孩子高兴，并且使他们的自信心得到增强。

善于听出孩子的弦外之音

相信很多成年人都有这样的经历，有时候会因为不好意思，选择用一种很隐晦的方式表达自己想说的话，可是还是满心希望听这话的人能听出弦外之音。

其实，不只是成年人，孩子也会有这样的时候。随着年龄的增长，孩子的语言表达能力会不断提高，他们希望得到话语权，希望被尊重、被认可，尤其是对于父母，他们的期待也就更多一些。但是有些时候，孩子又会常常出于一些特殊的原因不愿意将心中的想法直接告诉父母，而是用一种特别的手段。此时的父母应该细心观察孩子的举动，揣摩并理解孩子话中的弦外之音。

李铮是某市重点中学的一名学生，不仅在班上担任班长职务，还在校学生会任职，可以算得上是一个出类拔萃的学生。可最近，向来自信乐观的李铮却有了心事，原来，他在不知不觉中对班上的一名女生产生了好感，他觉得有些困惑和迷茫，于是想把自己的心事跟妈妈说说。

一天晚上，妈妈正在电脑前加班，看妈妈已经快忙完了，他走过去，没有直接说自己的事情，却试探性地问："妈妈，你是不是累了？"

"儿子，妈妈不累。"

"妈，你晚上回家还要工作，一定很辛苦，我给你捶捶背吧！"

"儿子，妈妈知道你懂事，可我现在还没忙完呢。"

听了妈妈的话，李铮知趣地走开了。后来，妈妈转念一想，觉得儿子今天的举动异常，应该有什么事情想跟自己说，于是，她放下了手中的活儿，说："儿子，妈妈忙完了，你有什么想跟我说吗？"

于是，李铮把自己的问题和困惑向妈妈诉说了一番，经过妈妈的开导和教育，他顿时觉得轻松了很多。

在日常生活中，做父母的要多关心和了解孩子，尤其对于那些性格偏于内向、说话喜欢拐弯抹角、不善于表达的孩子，父母在交流的时候要尤其注意观察。这类孩子的内心想法和感受可能不像自己表达的那么简单，也许有着更为深层的内容。

另外，作为父母还可以通过孩子一些肢体语言、情绪以及习惯的突然变化来推测孩子是不是话里藏话。比如一个平时大大咧咧的孩子突然说话小心翼翼，这时候父母就要小心了。孩子心里可能还有一些无法直接开口的话等你去听呢。

只有听出了孩子所说的话的弦外之音，才可以更好地了解孩子的需求，有针对性地帮助孩子解决问题。

其实，要做到这些，也不是很难。下面是给家长的一些技巧：

第一，要认真倾听孩子诉说。只有认真地倾听孩子说话，让孩子感受到你是关心他的，他才会慢慢地打开自己的心门。如果一开始就不认真听孩子诉说，孩子也会将你拒之门外。

第二，在与孩子的交流中，要仔细地观察孩子的表情、肢体动作等等。孩子的内心其实是藏不住事情的，稍微有风吹草动，他们就会在情绪上或者肢体上表露出来。只要父母细心地观察和留意，一定可以感知到孩子内心的事情。

第三，多站在孩子的角度上想问题。孩子问问题的时候多半是从自己的角度出发，比如，他们问父母每年被遗弃的孩子有多少，其实，他们关心的并不是这个，而是自己会不会被遗弃。

每个父母都想通过和孩子的交流走进孩子的内心世界，那么就请父母多观察孩子，留心孩子的动作和神情，善于倾听孩子说话的弦外之音。

孩子问话中的隐藏含义你了解吗？

和孩子对话是一门艺术，这种艺术有着独特的规则。孩子的问话，有时会隐藏着更深层的含义。作为家长，你了解这个现象吗？孩子的信息经常有需要解读的密码。

1. 孩子说话也会"声东击西"。

如果有一天，孩子问了你一个奇怪的问题，你会怎么回答？

比如说：爸爸，你说中国一天会有多少个孩子被抛弃？

你的回答是 _____

小朋友安娜问爸爸说："报纸上说全世界每年很多孩子被抛弃。"安娜的爸爸对这类社会问题很感兴趣，说道："这真是一个值得探究的问题啊，回来我要查查资料。"

实际上，安娜并不是想弄明白到底有多少孩子被抛弃，她这么小的孩子，怎么会关心那些社会问题呢？安娜真正是想知道，自己会不会也同样被抛弃。如果爸爸对这个问题够敏感的话，可以这样对孩子说："你担心爸妈也会像其他父母那样抛弃你吗？放心吧，我们会一直好好照顾你的。"

2. 孩子说话懂得"借人喻己"。

打个比方，你的孩子不擅长绘画，每次画画都画不好。有一天，你们一起在少年宫看画展，孩子指着墙上的画问："这幅画怎么画得这么难看？"你会有怎样的反应呢？

A. 说实话回答法："这幅画是很难看。" _____

B. 泼冷水回答法："再难看也比你画得好。" _____

C.纠正型回答法："不要这样说，对人不尊重。"＿＿＿＿＿＿

D.陶醉型回答法："但是很可爱是不是？"＿＿＿＿＿＿＿＿＿＿＿

在这些回答中，孩子最喜欢听到哪一种呢？其实，孩子这样说，用意并不在那幅画上，只是她很想听听家长的想法，他最在意的是"画画不好，究竟会怎样"，这才是孩子真正在意的事情。如果我们明白了孩子的用意，就会安慰孩子"只要画出心中所想，就是最好的画作"。毕竟，我们不要求孩子一定要当专业画家。

第3章　让孩子从容面对他们的感受

怎样让孩子感受好些？那就是接受他们的感受

深冬的早晨，在一个社区中心健身房外的走廊里，有个2岁的男孩突然大发脾气。他先是一下子趴到地下，紧接着躺在地上滚来滚去，大声地哭叫了起来。周围的人来来往往，而这个小男孩依旧任性地躺在地上不起来，而且哭叫声越来越大。

这个时候，他的母亲在他身旁却一句话都不说，她先是放下手里的包，然后蹲下来，再接着坐下来，后来索性全身趴在地上，使她的头和儿子的头成了一个水平线，两个人的鼻子也碰在一起。走廊里来来往往的人越来越多，大家也都小心地绕开他们，尽量不去注意他们；母子两个旁若无人地趴在那里好半天。

最后，孩子脸上的愤怒慢慢消失，显露出平静，哭叫声变成了耳语，终于把哭红的小脸靠在地板上，他的妈妈也同样把脸靠在地板上。孩子看母亲，母亲就看孩子。最后孩子站起来，母亲也站起来。母亲拿起丢下的包，向孩子伸出手来。孩子抓住了母亲的手。两人一起走过了长长的走廊。

到了停车场。母亲打开车门，把孩子放在儿童座上扣好，亲了一下他的额头。这个时候孩子的情绪已经变得非常安稳甜蜜。而在这整个过程中，母亲居然没有说一句话。

这位母亲始终没有说一句安慰孩子的话，但是却将孩子的情绪安抚好了。那么，究竟是什么样的力量使母亲安抚了这个原本情绪不平静的孩子呢？"理解和接受是一种无形的力量，会将人从沮丧中救出来"，西方一个哲学家的名言可以说是最好的答案。

在日常的生活中，可能很多人都有这样的经历：当被人理解之后，内心就会感到温暖，在这种情况下的人通常容易打开心扉、畅所欲言。而当一个人感到自己不被人理解的时候，就会感到委屈孤独，什么都不愿意说，甚至刻意疏远他人。

成人如此，孩子也一样。所以，家长在注重爱护孩子、教育孩子的时候，也应该设身处地地把自己放在孩子的角度考虑他是否可以接受。就如文章中的那位母亲一样，在孩子突然发脾气的时候，不是去指责他，而是理解孩子的感受，从而让孩子心情渐渐平复，可以说，这就是那位母亲安抚孩子的力量。

很多家长为自己的孩子感到头痛，他们认为孩子从来都不会说出自己心里的话，尤其是生气的时候，只是一个劲地无理取闹。很多父母总是不自觉地站在大人的角度，只对孩子所做的事情进行评论，却忽略了孩子的感受。

刘芸已经14岁了，是一名初中二年级的学生，平时学习成绩很优秀，最喜欢的科目就是语文，从小到大获得的奖状贴满了家里的墙，里面有不少都是作文竞赛获得的奖状，父母对刘芸的学习一直都很有信心。

可是她最近上课总是心不在焉，尤其是上语文课的时候。原来，刘芸的语文老师是一名新来的大学生，刘芸很喜欢他，觉得他上课风趣幽默，说话的声音也很好听。可是，同时，刘芸也很烦躁，一个学生怎么能喜欢自己的老师呢？她很想把这件事情跟妈妈说说。

一天晚上回到家，刘芸忐忑不安地把这件事情说给妈妈听。妈妈听了很生气，就对她说："你这么做是不对的，明天我就去你们学校给你转个班。"刘芸听了这句话后，立马就站了起来，转身走了。而刘芸的妈妈却还一头雾水，觉得孩子怎么成这样了，真是越长大越不懂事。

其实，对刘芸来说，她需要的是妈妈的理解，希望妈妈能理解自己的感受，从而让她可以轻松一些。可是，刘芸的妈妈却没有做到。如果做父母的都不能理解孩子的感受，那孩子的感受怎么会好呢？

天下父母都希望自己的孩子顺心如意、没有烦恼，但这是不可能的。不良情绪来了，与其逃避和压抑，不如站在孩子的角度，先接受孩子的这种糟糕的感受，然后和孩子一起去解决问题。

【怎么听怎么说之现场演练】

从孩子的角度来理解他们的感受

孩子眼中的世界和大人眼中的世界是不同的，我们不可以用成人的规则去要求孩子，而是应当将自己置身于孩子的立场，肯定孩子的想法。你能做到吗？

1. **孩子做了错事，但是你能客观地挖掘出他的优点并加以肯定吗？**

孩子出于好奇拆掉了家里新买的收音机，你会怎样？

A. 狠狠地训斥 _____

B. 肯定他的好奇心 _____

面对这样的问题，如果父母考虑到孩子的好奇心，就会对孩子的行为有所宽容。但是更多的父母会站在成人的角度，对孩子的决定、选择，都持一种怀疑或者是否定的态度，这样很容易使孩子产生自卑情绪和挫败感，造成亲子关系的疏离。

父母和孩子之间不是主仆的关系，应该相互关心和尊重，我们冷静客观地站在孩子的角度来看待问题，用孩子的眼光来审视出现的问题，才能够赢得孩子的信赖。

2. **你能够做到客观地放弃对孩子的成见吗？**

当孩子有些事情做得让你不满意，你会怎样认为？

A. 这个孩子好笨，你很不满 _____

B. 在他的年龄层算是不错了，你相信他 _____

有一些家长，往往对自己的孩子要求特别严格，会对孩子的行为有各种不满意、各种指责，似乎孩子就应该什么都知道。这样的做法实在是很不应该，因为孩子和大人在思维方式上有很多不同。如果我们总是以一种成人的眼光来看待孩子，并且对孩子抱有成见，这对孩子来说是不公平的。

越担心，他们越困惑

有一项调查显示，在现实生活中至少有 70% 的父母觉得自己很称职，而在这些父母中，又以独生子女的父母居多，原因是父母觉得自己什么活都愿意替孩子做，什么苦也都愿意替孩子受。可是，这样真的就是称职的父母吗？这样对孩子的成长来说是一件好事情吗？

相信下面的场景父母很熟悉：

"这件衣服脏了，我拿去洗洗。"乐乐高兴地拿起自己的脏衣服对妈妈说。

"不用，你先放着吧，待会儿妈妈帮你洗，别累坏了，宝贝。"妈妈笑着对乐乐说。

"妈，周末我们几个同学想一起去郊游。"乐乐兴奋地向妈妈请求道。

"啊，又不是班集体的活动，不安全，我不放心，不能去啊。而且，你明天还要上兴趣班呢。"妈妈一脸担心地说道

"你这也不让、那也不让，就只知道让我学习啊学习，我到底还有没有自由啊？"乐乐终于生气了。

"这话怎么说的？我们这么做不都是因为爱你、关心你吗？"妈妈一脸无辜，觉得自己很委屈。

乐乐是五年级的学生，因为是家中的独生女，父母不仅对她呵护备至，总是觉得孩子还小，什么都做不了。乐乐想自己洗衣服，妈妈怕她洗不干净；乐乐想自己端饭，妈妈觉得她会把碗打

碎；乐乐想出去玩会儿，妈妈觉得她会迷路。妈总是口口声声地说："这一切都是因为爱你，关心你！"然而，乐乐并不因此感到开心，觉得妈妈不相信自己，还剥夺自己成长的机会，妈妈所谓的爱也已经让自己不堪重负，渐渐地就对妈妈心生怨恨，喜欢和妈妈对着干。

现在的很多孩子都是独生子女，都是家长的掌上明珠。家长们总是觉得孩子小，愿意帮他们做一切。家长本以为自己无私的爱就能保证孩子幸福健康地成长，可是孩子并不这么认为，反而认为家长阻碍了自己成长的自由，从而引发不快和矛盾，影响了亲子关系的和谐。像文中的乐乐就是如此，妈妈无微不至地照顾她的生活是为了表达关爱，可在她看来，却阻碍了她的动手能力。

爱孩子是人之常情，但是在爱孩子的过程中，要讲究原则、把握尺度。要知道，家长和孩子看问题的方式不尽相同，所以，聪明的家长应该学会站在孩子的角度考虑问题，充分尊重和理解孩子的想法，不要因为心中有爱就对孩子过度约束。要知道，爱得多不如爱得对，真正的爱应该是孩子成长道路上的不竭动力，而不能成为孩子前进的阻碍。

如果家长总是觉得孩子什么都做不好，都不愿意让孩子自己去尝试，孩子也会在内心对自己产生不信任感，这对孩子以后各种能力的发展都会产生不良影响。因此，如果家长真正爱孩子，就应该给予孩子适度的自由，让他们根据自己的意愿和兴趣爱好，自由地学习和探索。

不少教育专家提醒父母：不要抓紧孩子，担心太多，这样孩子只会越来越困惑。相反，要给予他们自由和鼓励，孩子会表现出优秀懂事的一面。

"妈妈，我想跟同学去爬山，我很喜欢爬山。"王琪跟妈妈说。

"去吧，注意安全。"王琪的妈妈回答道。

"爸爸，我不想去上钢琴课了，我不喜欢钢琴，我比较喜欢运动点的项目，要不给我报一个羽毛球班吧。"王琪跟爸爸说

"这个，你自己决定吧！"王琪的爸爸回答道。

王琪今年已经14岁了，是家里的独生女，却很少在她身上看到独生子女的娇气。相反，只要是她力所能及的事情，她都会自己去做。而且，王琪也是一个很有主见的人。王琪说，这一切都归功于父母很少去否定她的想法，让她做自己想做的事情。

每个父母都想成为一个好父母，做一个称职的父母，希望自己可以给孩子前进的动力，那就不要再去轻易地否定孩子，而是去鼓励孩子，让他们在实践中得到一些情感的满足，获得一些前进的经验。这才是真正称职的父母，这才是真正地爱孩子。

【怎么听怎么说之现场演练】

鼓励孩子做一切他能做的事情

放手并不等于放任，作为家长我们要给予孩子方式、方法上的指导，其余的则要鼓励孩子自己动手实践。我们用这种方法来支持孩子走上独立成长的路，同时也为孩子指明了前进的方向。

如果我们什么事情都习惯帮孩子包办，那么孩子就不会得到锻炼，以后也就只能长期依赖父母了。

最好用鼓励的方式来引导孩子自己做事情，这样既不需要我们代劳，同时还会让孩子收获成就感，一举两得。

举个例子，看看我们如何来做：

幼儿园有一项活动，要孩子用线来穿珠子。你坐在孩子旁边，你想为他做些什么呢：

A.看到孩子笨拙的小手就着急，帮他穿好 _____

B.帮他做一半，他拿珠子，我穿线 _____

C.什么都不做，静静地看孩子自己穿 _____

想一想，这三种做法，哪一种会让孩子得到的锻炼最多？无疑是最后一个，我们还可以一边观察孩子，一边给予鼓励："再来一次，没问题，你肯定行的。"

我国著名的教育家陈鹤琴说过："凡是孩子能够自己做的，应该让他自己做。"放手让孩子做事，我们会发现孩子的潜力无穷大。但是如果我们一直是"大手帮小手"，我们的孩子也会在无形中被剥夺许多发展的机会。

与孩子的感受产生共鸣，有助于他自己解决问题

聪明的家长做孩子的顾问，对孩子旁敲侧击；愚钝的家长做孩子的主人，让孩子唯命是从。

在日常生活当中，有些家长在教育孩子的时候，不知不觉就摆出家长威严，强迫、训斥孩子，导致孩子反抗，关系僵持不下。

这就是典型的"中国式家长心态"，当家长的觉得孩子就应该无条件服从，却很少站在孩子的立场上去体会他们的感受。

有一位母亲，出于担心和爱护，常常在女儿面前唠叨：少与男生来往。有一次，有几个同学邀约女儿一起去为朋友过生日，竟然遭到了母亲的一顿臭骂，这使女儿受到极大的伤害，她觉得在同学面前很没面子，同学也不愿再跟她来往。她因此怨恨母亲："你们不让我好过，我也让你们难受。"她向父母喊叫："我就是要气你们！就是不好好读书！就是要把你们的钱拿去花光！"

实际上，父母的担心是可以理解的，只要和孩子好好沟通，孩子肯定也是可以理解的。可是，故事中的母亲却不顾孩子的感受，粗暴地制止了孩子的行动，这让孩子对她产生了深深的怨恨。试想一下，如果这位母亲换一种做法，告诉孩子："我知道你想和同学们出去玩，也能体会到你的感受，可是，你要记住你目前的主要任务是学习，请你在玩的同时不要忘了学习，可以吗？"这时候女儿一定能理解母亲，并按时回家，好好学习的。

站在孩子的立场上，考虑孩子的感受，与孩子的感受产生共鸣，对于孩子自己解决问题是大有裨益的。

陈宇飞是一名小学四年级的学生，成绩都很优秀，除了体育课。身体瘦弱的他特别害怕上体育课，甚至装病来逃课。陈宇飞的老师把这个情况告诉了他的父亲，父亲决定跟儿子好好谈谈。

父亲晚上下班以后，走进了儿子的房间。

"儿子，今天你们老师告诉我，你没有去上体育课哦。"

"爸爸，我不喜欢体育课。"

"我知道。"

"你知道？"

"对，因为爸爸小时候也很讨厌上体育课。那时候的我个子比较低，也比较瘦，体育课上老是被同学们嘲笑。"

"那后来呢？爸爸也没有去上体育课吗？"

"不是，后来的我，每次都去。"

"为什么呀？"

"因为，要勇敢地去面对才是男子汉。不能因为害怕就逃避，相反要去克服。你说呢，小男子汉？"

"好的，爸爸，我会试着去克服我的害怕，去上体育课的。"

"对嘛，这才是男子汉，不要害怕，只要勇敢迈出第一步，就会不一样的。你看爸爸现在不是很壮嘛。"

随着孩子的成长，他们也会慢慢地试着自己去解决一些生活或者学习中出现的小问题，当然，面对有些问题的时候，孩子会很迷茫或者困惑，这时聪明的父母要做的，首先是和孩子的感受产生共鸣，慢慢让孩子自己去解决问题。

【怎么听怎么说之现场演练】

反思一下我们与孩子的沟通

下面，让我们一起来反思一下与孩子每天沟通的情况：

1. 你和孩子的沟通主要在什么时间段？每次的时间有多长？

比如说：晚上八点后，大概一个小时；或者早晨，大概半个小时；或者是随时随地沟通；或者是根本没有沟通。

_____

_____

2. 你和孩子在一起进行沟通的主要内容和方式是什么？

比如说：主要通过跟孩子聊天来教育孩子；或者用命令的口气来训诫孩子；或者是监督孩子学习。

_____

_____

3. 你在什么情况下和孩子沟通的效果更好一点？什么情况下和孩子沟通的效果更差一点？

比如说：在与孩子聊天、谈心、游戏的情况下，效果会更好一点；用温和、友好的态度与孩子进行沟通时，效果比较好。诸如此类。

_____

_____

做完这三个方面的测试，你大概就可以分析出来自己和孩子每天有多少时间在一起、在一起的时候都做些什么、和孩子主要是通过什么方式来沟通、沟通效果怎么样。通过这些分析，你就可以为自己和孩子的沟通打个分了。

不过大体说来，我们和孩子沟通要注意以下几点：

第一，与孩子沟通时，要使用孩子能够理解的语言。

与孩子的沟通应该是一个双向互动的过程，如果你讲的话孩子无法理解，那么沟通就是无效的。如果我们只是一厢情愿地喋喋不休，根本不考虑孩子有没有兴趣听，久而久之，孩子就会对父母的话充耳不闻。

第二，与孩子沟通，要使用孩子喜欢的沟通方式。

一味使用说教、命令、强迫等方式让孩子听你的话，孩子必然会反感。大多数孩子喜欢聊天的方式，父母可以在聊天的过程中把教育的道理融进去。孩子处于比较兴奋的状态时，也会比较容易接受父母的教育。

切忌对孩子不闻不问，放任自流

余涛的父母都是律师，平时工作都比较忙，抽不出时间照顾和关心孩子，所以余涛的妈妈把余涛的爷爷奶奶接来和他们同住。余涛从小到大的多数时间是跟着爷爷奶奶一起过的，由于爷爷奶奶对他有些溺爱，他渐渐就养成了一些坏习惯，如自私、任性、懒惰等。

一天，余涛的爸爸出差回家，看到余涛正对奶奶发脾气，对奶奶说着很不礼貌的话，爸爸大声呵斥道："余涛，奶奶平时对你那么好，你怎么能这么对奶奶呢？"

"不用你管，反正你平时都不怎么理我，有什么资格管我！"余涛理直气壮地说。

"我是你爸爸，我怎么就没有资格管你！"爸爸十分生气。

"你还知道是我爸爸，那你平时怎么什么都不管我，别人都有爸爸辅导功课，可我没有；当别人受了委屈可以找爸爸哭诉，可我不能。"孩子越说越委屈，居然哇哇大哭起来。爸爸一时手足无措，愣在了一旁。

一些父母鉴于严格管教孩子的弊端，主张让孩子顺其自然地成长。实际上，这种观念是有偏颇的，对孩子管得太严极易使孩子反感并产生逆反心理，而对孩子不闻不问、放任自流也不能很好地引导和教育孩子，会让孩子失去行为标准，甚至养成一些坏习惯，而这些坏习惯是会陪着孩子一生的。

认为"树大自然直"，对孩子放任自流的父母实际上是忽视了孩子成长的特点及孩子成长中环境因素的重要影响。在最初的时候，孩子就是一张白纸，后天的教育和环境对于孩子个性的形成和发展、思想观念和道德品质培养等有深远影响。

因此，要想孩子健康成长，父母应该进行适当的干预和引导，切忌对孩子不闻不问、放任自流。但在管教孩子的时候，父母应该掌握两个要点：

首先，父母应该掌握好分寸和尺度，切不可管得太严。父母只有先掌握好管教的分寸和尺度，既关心和爱护孩子，但又不过分限制孩子，不约束或缩小孩子自由发展的空间，积极为孩子创造出愉快轻松的环境，孩子才能健康成长。

璐璐的父母都是教育方面的专家，他们在教育璐璐的时候，就很注意管教的分寸和尺度问题。

"妈妈，我想玩会儿再去写作业，可以吗？"

"可以，但是只能玩一个小时哦。不然，妈妈就会认为你是一个说话不算话的小孩，明天玩的时候就要减少时间了！"

"爸爸，我也想去荡秋千。"

"好的，爸爸帮你推，你自己要抓紧绳子。"

对于璐璐的要求，只要是不过分，父母都会在安全的范围内去满足。

其次，父母应该随时做好孩子的榜样，在教育孩子之前先纠正自己的不良行为。家庭是孩子接受教育的第一课堂，父母就是孩子最初的老师，只有父母先做好示范，孩子才会有样学样，接受好的影响。当父母行为不端时，孩子也会出于模仿而做出不好的行为，所以，想教育好孩子，父母先要以身作则，纠正自己的不良行为。

小雨今年上一年级，学习成绩很好，老师希望她帮助一下学习差的同学，于是就安排小虎做了她的同桌。小雨很不情愿，回家跟妈妈说了，于是小雨的妈妈就带着小雨去找老师。

"小雨妈妈这是去哪里了？"找完老师，回来的时候遇到了小虎同学的妈妈，小虎的妈妈问道。

"去小雨的姥姥家了。"小雨的妈妈回答道。

小雨看着妈妈觉得很奇怪，回到家里，爸爸问小雨去了哪里，结果小雨回答说"跟妈妈去姥姥家了"。

"去姥姥家干什么呀？"爸爸继续问。

小雨回答不上来了。

"怎么小小年纪就说谎话呢？"

"妈妈就是这么跟小虎的妈妈说的。"

小雨的妈妈当时就愕然了，然后意识到自己犯了一个很严重的错误，于是立马蹲下来，告诉小雨："刚才妈妈犯了一个错误，对小虎的妈妈说了谎话，妈妈知道自己错了。说谎是一种不好的行为，小雨以后千万不能学，知道吗？"

小雨点了点头。

总之，在教育孩子的过程中，父母会遇到很多问题，但只要父母心中有爱，坚持正确的教育方式，就总能教好孩子，切忌对孩子不闻不问、放任自流。

【怎么听怎么说之现场演练】

当一个"又闻又问"的家长

家庭是孩子成长过程中一个至关重要的因素，父母对孩子的教育是责无旁贷的。如果我们对孩子的行为不加约束，任其自然发展，这样做肯定会害了孩子。

所以，我们要当一个"又闻又问"的家长，拾起自己对孩子监督的职责。

下面一起来做几个测试题吧，看看你是不是一个"又闻又问"的家长。

1. 你认为孩子的成长应该"放养"吗？

A. 是的，成长是水到渠成的事情 ＿＿＿＿＿＿＿＿＿＿

B. 不是，否则教育就是空谈 ＿＿＿＿＿＿＿＿＿＿＿

如果家长在孩子成长的关键几年中放任自流、不管不教，那么结果会是相当糟糕的。教育家布鲁姆说过："幼儿期被剥夺了智力刺激的儿童，永远达不到他原来应该达到的高水平。"

2. 你认为对孩子不闻不问就是在培养其自觉性吗？

A. 是的，我对自己的孩子很自信 _____

B. 不是，好习惯也需要培养 _____

教育学家说，要想达到自律，必须要经过漫长的他律过程。好的习惯会使孩子一辈子受益。在孩子还没有养成良好习惯的时候，父母应该起到监督检查的作用，而且要持之以恒。所以，如果我们真的爱他，就好好管管他吧。

3. 你对于"民主"怎么看？

A. 民主就是给孩子自由 _____

B. "民主"这个词不适合放在家教上讲 _____

C. 你有别的想法 _____

家庭教育需要民主，民主气氛下长大的孩子自信心强，而且性格较为独立。但是世界上没有绝对的民主，只有相对的自由。如果孩子本身有缺点，那就绝对不能姑息，在这个时候谈民主，就是一种荒谬。

"乖孩子"可能有讨好的心理

当孩子年纪还小的时候，他们的价值观、是非观都不是十分明确，而往往在这个时候，父母的话能够在孩子潜意识中造成一定影响，甚至会影响他们一生。因此，父母在这个时候，需要特别注意，不要只顾纠正孩子的行为，而忽略了对孩子价值观、是非观的引导和教育。

有些场景，在生活中并不陌生。一个男孩子淘气不听话惹家长生气了，家长会说："你这么不听话，以后没有人会喜欢你。"爸爸妈妈们希望孩子做个乖小孩，于是就不假思索地说出了这句话，以为这样孩子就听话了。却不知道，这句话的危害性是持久的，它会对孩子的性格造成难以估量的影响。

"大家都喜欢干净整洁的小孩。"

"听话的孩子人见人爱。"

"见到长辈主动问好，人家才会喜欢你，你看隔壁的明明，总是收到很多礼物和糖果。"

孩子听了这样的话之后，态度可能会来一个 180° 大转弯，真的变得比从前听话了，不和家长顶嘴了，见到客人知道主动问好了，也爱干净整洁了。家长也打心眼里高兴了，觉得孩子变乖了，真是一件可喜的事情。但是，仔细想想，孩子这样的改变，真的就值得高兴吗？

认真一推敲就会发现这样的教育其实是有漏洞的。张口闭口就对孩子说"你要怎样怎样，大家才会都喜欢你"，很容易培养出一个迎合他人、没有自我、见风使舵的家伙。

孩子在很小的时候，没有什么主见，他的人生观容易受到大人的影响。如果家长总是和孩子强调"你怎样才能人见人爱"，那么孩子在潜意识中就会为了得到别人的夸奖而改变自己，他们会像个"小大人"一样世故老练，懂得讨好别人，懂得按照世俗的价值观来行事，但并不明白好行为的真正意义。

如果任由孩子这样发展下去，孩子会变成什么样的人呢？他们会变得不再天真，不再无忧无虑，而是像个成人一样，脑袋里想的是怎样迎合世俗、迎合他人。虽然，家长起初的愿望只是为了让他变得听话。

　　等孩子再长大些，这种曲意迎合可能会导致他的从众心理更加明显，以至于将市侩的观点当作正确的观点。那个时候，他可能会这样说话：

　　"当老师有什么了不起，还不一样骑自行车上班。"世俗的价值观让孩子知道，用功读书没用，钱才是硬道理。

　　"爸爸，你要是当大官就好了，我的工作就有着落了。"世俗的价值观让孩子知道，有权有地位，是条万无一失的捷径。

　　自然成熟的水果总是比催熟的水果可口，这是再简单不过的道理。同样，家长也有责任保护孩子，不要让他们被催熟。要怎么做呢？

　　这就需要以一种健康的心态来引导孩子，比如送给别人礼物，要告诉孩子说，这样做的目的是为了表示谢意和尊重，双方沟通感情，而并不是为了得到某些特别的照顾。另外，对孩子和同学的交往也要正常看待，不要用世俗的眼光和金钱去衡量，不能说出类似"朱××的爸爸可是局长，你不要惹他"之类的话。

　　现在有很多家长都感慨，他们的孩子，年龄不大，却都变成了小人精——所了解的东西与年龄严重不对称。其实，这些都是家长在引导上的失职。

　　比如当孩子不讲卫生的时候，家长不要说"别人不喜欢"这样的理由，可以说"妈妈洗衣服真辛苦，她的劳动成果我们一定要珍惜。讲卫生才能健健康康，脏兮兮的很容易携带病菌"。

父母都希望孩子能拥有正确的价值观、明确的是非观，那么身为父母，先从自身做起吧，好好想想自己教育孩子的说法是不是禁得起推敲，千万不要在教育孩子时说出"这样做大家才会喜欢你"这种话，不要引导孩子的讨好心理，让他多了解一些真正的道理。

【怎么听怎么说之现场演练】

用正面的语言和孩子沟通

当给孩子指出缺点的时候，最好是让他心服口服，不能以气势压人。还有就是要诚实地说出孩子这样做的弊端在哪里，而不要简单地以"别人不喜欢"来概括。

当孩子犯错的时候，和孩子进行沟通也是有技巧的，家长们可以用下面的沟通小技巧来试一试，看看是不是效果会更好。

1. 和孩子沟通要留有余地。

举例：孩子每次临走时总是忘记关电源，一次、两次、三次，你该怎么办：

A. 不跟他费口舌，自己关掉 _____

B. 对他一通抱怨 _____

C. 吓唬他："你这样，妈妈不喜欢你" _____

D. 和他沟通："你总是忘记，我们想个办法，看怎么解决"

_____

和孩子沟通的时候，力求点到为止，给孩子一个自我批评、自我教育的机会。这样的话，孩子才能够接受你的建议。粗暴的批评方式不是解决问题的最好方法，不闻不问更不应该。

2. 和孩子说话注意刚柔相济。

举例：孩子做错了一件事情，引起你大发雷霆。你真的要发脾气吗？想想孩子做过的最让你恼火的事情，以及你当时的状态

A. 是的，尽情地发脾气 _____

B. 发脾气不解决问题 _____

无论用刚还是用柔，最终还是要以不伤害孩子的自尊心为重点。如果孩子比较内向、脾气比较绵，那就要用刚，以刚克柔，有震撼力。如果孩子比较外向，而且主心骨特别正，那就一定要用柔，用柔和来化掉顽石。家长在教育的时候既要讲原则，同时不要迁就孩子，在讲感情同时尊重他们的自尊心。

第二篇

鼓励孩子与我们合作

第1章　怎样营造最好的沟通氛围

温暖的家庭少不了交流的气氛

一项"家庭教育大调查"显示，亲子共处时最常从事的活动是，妈妈和孩子一起看电视，这大约占到调查人数总数的35%；其次就是妈妈辅导孩子的学习，这大约占到25%。剩下的则是其他如游戏等。

而妈妈每天和孩子说话的时间，则缩短在半小时以内，而且说的内容多是"教导性"的。

在这种情况下，家庭教育出现了"想要"和"需要"之间的落差，家长希望的是：孩子功课棒、才艺佳、听话又乖巧。所以家长花时间与精力最多的，还是处理"课业与升学的压力"、"孩子学习的状况"等问题。然而孩子最希望与家长分享的是"心情和情绪"，他们的心愿就是家长能多和他们说说话，而不是总问"你今天的功课完成得怎么样""今天你学会什么了"。

上班族家长们常常在跟时间赛跑，但也要挤出时间陪陪孩子，和孩子聊聊天，分享他的心事。

即使能陪伴孩子的时间很短，但只要注重质量，仍然能让孩子感受到父母对他的关心，建立良好的亲子关系。

而当孩子得到爱与关怀的时候，他的自信心就会持续增长。

下面这个妈妈就想出了一个聪明的方法：

我把抽出时间与儿子交流列为每天的工作内容之一。

每天中午我用电话与儿子联络，问儿子学习有什么困难、老师对他有什么要求、需要妈妈给什么帮助。开始，儿子吞吞吐吐，不太爱讲，但经不住我的启发和开导，他便把学校的困难、与同学的交往，甚至有哪个同学欺负他等，都讲给我听。我帮他分析原因，指点做法，引导他正确处理，使他感到每次与妈妈"煲电话粥"都很愉快，都充满喜悦和信心。

慢慢地，每天中午，我不打电话去找他，他就会给我打电话，向我汇报学习上的困难，讲述生活中的趣事、思想上的困惑。他还调皮地称中午时间是"妈妈时间"，是"热线时间"。

一个母亲，她从孩子很小时就注意和孩子的情感交流。每天在孩子上床时都要问问他："今天过得开心吗？"孩子长大后，就形成了在睡前和妈妈沟通的习惯，有什么不顺心的事就像朋友一样告诉妈妈。

有了这样的感情基础，孩子就容易接受妈妈的建议和忠告，容易跟妈妈建立起朋友般的关系。

如果缺少家长的陪伴与沟通，孩子就容易"情感饥饿"。"情感饥饿"的孩子特别喜欢任性，偶尔还会做出一些古怪的行为，以引起家长对他的注意，又或者极端地自闭内向、郁郁寡欢。

当孩子出现这些情况以后家长才发现自己的失职，后悔不已，也许已经来不及了，因为弥补受到伤害后的亲子关系，赶走孩子的"情感饥饿"，也许要花很长的时间，也许永远也不能实现了。因此，要从小就注重与孩子的交流，这是一个温暖的家庭必不可少的活动。

我从小就生活在一个很幸福的家庭中，即使在最容易叛逆的青春期里，我都几乎很少跟父母大吵大闹。

我的父母从我很小的时候起就给我创造了有着很好交流的家庭氛围，我很少看见我的爸爸和妈妈吵架，他们每次有矛盾，总是能坐下来交流，等我长大以后，他们甚至会邀请我当"法官"。

我也很少跟父母吵架，每一次我们意见不一致的时候，也都是采取交流的方式来解决，虽然我有时候会耍小孩子脾气，可是我的父母却总是想办法让我冷静下来。等我冷静下来以后，他们才开始跟我讲道理。

现在，在大学的班级里，我是班长，大家都说我是一个性格很好、办事能力很强的女生。我要感谢我爸爸妈妈的培养。

一个温暖的家庭、一个注重交流的家庭，培养出来的孩子性格肯定比较好，因为在这样的家庭里孩子能感受到父母的爱，能和父母很好地交流沟通。因此，想让孩子快乐成长的父母，从和孩子好好沟通开始吧，给孩子建立一个温馨的家庭，给孩子一个好性格。

为孩子创造最好的游戏环境

家长和孩子最好的交流方式莫过于游戏，孩子们的成长离不开游戏，他们在游戏中成长。所以，我们可以试着创造一个能够帮助孩子不断成长的游戏环境，这样既能够达到较好的交流效果，同时也能开发他们各方面的能力。

1. 游戏中少干涉，多顺从。

想一想，你平时以什么样的方式和孩子一起游戏？

_____

游戏是属于孩子们的世界，所以在游戏活动中，我们完全没有必要打扰和干涉孩子，只要提醒他们必要的活动规则就好，比如说事先提醒他们，不可以和同伴抢夺材料，要爱护玩具等。

接下来，我们要在旁边观察，观察孩子们在游戏中的言行举止，也可以融入到游戏的角色中，听从孩子的意见和游戏规则，这往往是一个令他们感到兴奋的做法。

2. 寻找孩子眼中的玩具。

想一想，孩子的玩具都有哪些？

_____

玩具是游戏活动的物质支柱，好的玩具会让孩子着迷到令你不可想象的地步。但是，怎样挑选玩具，这可是学问。

成品玩具虽然好看，但是玩法一般都比较单一。我们家长可以和孩子一起收集些不需要的废品，比如说各种饮料瓶、小贝壳等等，教孩子用这些废品做一些手工，这样可以开发他们的创造力和想象力。

和孩子开展平等的对话

美国总统西奥多·罗斯福有句名言："在儿子面前，我不是总统只是父亲。"他也将这句名言彻底贯彻在日常的生活中。他很少用命令的口吻跟孩子说话，而是一直以一种平等的姿态与孩子进行平等的交流。

作为家长应该主动理解孩子，相信孩子，做孩子的知心朋友。如果将自己放在了高高在上的位置，那么在和孩子的交流中很容易让孩子产生距离感甚至逆反心理，这都不利于家庭教育。那怎么样做到与孩子进行平等的对话呢？

首先，要意识到孩子是一个独立的个体，不是父母的附属品，这是与孩子进行平等对话的前提。可是，许多父母习惯于把孩子看作自己的一部分，甚至是自己的私有物。在他们的父母的潜意识里，都有这种想法，即孩子是自己的骨肉，把孩子养育大，就可以把孩子当成自己的私有财产，自己也当然有权利处置安排他们的人生。

其次，在与孩子的交流过程中，要认真地去考虑孩子的想法，不要总觉得他只是个孩子，什么都不懂。这也是中国式家长最常犯的一个错误。

赵丽丽是一名小学三年级的学生，很喜欢跳舞，可是她的妈妈总觉得跳舞太耽误学习，不让她去学习。

有一天，赵丽丽想了很久，决定跟妈妈订一个约定，那就是如果她努力学习，成绩一直能保持在班级前五名，妈妈就得答应她让她去学习跳舞。晚上，等妈妈下班后，赵丽丽很高兴地走进了妈妈的房间。

"妈妈，我想跟你签个合同。"

"小孩子家的，知道什么是合同吗？好了，别胡闹了，去看书去吧。"

"可是，妈妈……"

"好了，哪里来的这莫名其妙的想法。学习去吧。"

赵丽丽沮丧地离开了妈妈的房间。

就这样，赵丽丽的妈妈失去了一次与孩子交流的机会。

最后，也是最重要的一点，那就是要放下自己家长的权威，允许孩子自由地表达自己的想法，尤其是在关于孩子的未来发展这种事情上。父母爱孩子，总是替孩子考虑和安排，却很少去考虑孩子的想法和感受，只要父母觉得好的，孩子就必须接受。其实，这对孩子非常不公平，而且也影响亲子关系，很多青春期的孩子和父母的矛盾冲突激化也是源于此。

而这种矛盾其实并不难化解，那就是和孩子展开平等的对话，听听孩子的想法，考虑一下孩子的感受。

欢伊又和妈妈吵架了，妈妈和欢伊都搞不清楚，这是从欢伊上初中以后，她们母女之间的第几次"战火"了。

这一天，欢伊和妈妈吵完架后，很生气地回到了自己的房间中，过了很久，欢伊从房间中又走了出来，递给了坐在沙发上正生气的妈妈一封信。

妈妈：

请原谅我不想再称呼你为亲爱的妈妈，这是因为我也很生气。我们总是吵架，没完没了。用爸爸的话说是"三天一小吵，五天一大吵"。我对于我们之间的吵架也很厌烦。

我知道你是爱我的，做很多决定也是为我好。可是我还是受不了你总是自作主张地替我决定未来。

我觉得自己已经不是一个小孩子了，我有权决定我自己的一些事情。就比如今天这件事情，我不想整个暑假都学习，我想出去旅游，而且爸爸都已经同意了，那为什么又给我报了一个补习班呢？

妈妈，我希望你不要生气，不过我还是要说一下我的这个要求：请你考虑一下我的感受，尊重一下我的决定。

最后，谢谢妈妈。

你的女儿：欢伊

当欢伊的妈妈看到这封信后，开始陷入了思考：也许，真的应该用一颗平等的心来和欢伊谈事情了。

爱，只有在平等的时候才会给人最温暖的感动，不平等的爱有时候带给人的压抑要比温暖更多。

父母对孩子的爱也是如此，只有父母平等地对待孩子，和孩子交流，放下家长的架子，孩子才会更多地感受到父母温暖的爱。

【怎么听怎么说之现场演练】

和孩子签个"合同"吧

平等，不只是同龄人的特殊待遇，孩子和父母也要在某种程度上做到平等，比如可以签订一份"合同"明确双方需要做到的。为与父母平等对话而与父母签订"合同"。

五年级的小学生阳阳和妈妈签订了一份双方共同起草的"母子协议"，这份看上去严肃又有趣的协议这么写道：

甲方（母亲）的权利及义务：

每月提供 50 元零花钱；

不能对孩子的朋友不友好；

不能未经允许偷看孩子的私人物品；

不能使用挖苦的语言，要尊重孩子；

孩子不会做的题目，要耐心讲解。

乙方（孩子）的权利及义务：

上课要认真听讲；

每天要按时完成老师的作业；

放学之后要按时回家，不能去网吧；

每天预习及复习功课的时间不能低于 30 分钟；

晚上 10 点之前一定睡觉。

教育专家认为，家长与孩子签订协议是一种新的家庭教育方式，它能够使家长和孩子在一个平等的位置上对话。

这种"合同"能够很好地展现家长与孩子之间的平等关系。尊重孩子，能够与孩子站在同一个平台上沟通是非常必要的事情。

现在，我们也可以试着和孩子签个合同：

甲方（ ）：＿＿＿＿＿＿＿＿＿＿＿＿＿＿＿＿＿＿＿＿

＿＿＿＿＿＿＿＿＿＿＿＿＿＿＿＿＿＿＿＿＿＿＿＿＿＿＿

＿＿＿＿＿＿＿＿＿＿＿＿＿＿＿＿＿＿＿＿＿＿＿＿＿＿＿

乙方（ ）：＿＿＿＿＿＿＿＿＿＿＿＿＿＿＿＿＿＿＿＿

＿＿＿＿＿＿＿＿＿＿＿＿＿＿＿＿＿＿＿＿＿＿＿＿＿＿＿

＿＿＿＿＿＿＿＿＿＿＿＿＿＿＿＿＿＿＿＿＿＿＿＿＿＿＿

＿＿＿＿＿＿＿＿＿＿＿＿＿＿＿＿＿＿＿＿＿＿＿＿＿＿＿

用沟通代替对孩子的命令

在我们的生活当中，不经意间就会发现父母和孩子的对话充满了父母对孩子的命令，相信在不少家庭中，我们都可以发现这样的景象：

"去，给我回家写作业去！"

"不准说话，赶紧吃饭！"

"今天必须去辅导班听课……"

在父母教育孩子的过程中，很多父母一不小心就忽略了一点，那就是孩子是发展中的个体，具有独立的人格和鲜明的个性心理特征，在向周围世界学习的过程中，他们更喜欢处于主体地位，做学习的主人，而不是一直被父母命令，被动地接受。

了解孩子、尊重孩子、激励孩子、诱导孩子是成功的教育方法，强迫责令，以成人为中心，往往使孩子被动，收不到好效果。

因此命令的方式应慎用，绝对不能滥用。

举个例子，当孩子玩得开心之时，家长硬性命令孩子去做这做那，孩子不去，家长便拖着孩子去，孩子很委屈，有时还大哭大嚷。其实，只要好言相劝，或者等孩子玩得尽兴一点再做其他事情，效果反而会更好。

田宇今年5岁了，这一天他正在跟隔壁的晓彤在小区的花园里抓蝴蝶，突然他的妈妈急急忙忙地拉着他往小区外面走。原来，田宇的妈妈有急事要出差，准备把田宇送到姥姥那里去，爸爸已经在小区外面等着他们了。

然而，田宇的妈妈并没有对田宇说明原因，田宇说："我要抓蝴蝶。"

"抓什么蝴蝶，妈妈有急事，快！"边说边拉着田宇往外面走。

结果田宇就是不走，不一会儿就大哭了起来。田宇的妈妈越来越着急，就打了田宇，田宇更加委屈，在地上打起了滚。

这时候田宇的爸爸走进了小区的花园。

"怎么还没有出来呢？"田宇的爸爸问田宇的妈妈。

"这孩子太不懂事了，死活要抓蝴蝶。"田宇的妈妈说道。

"田宇，爸爸跟妈妈今天有急事，要把你送到姥姥家，等从姥姥家回来，我们再和晓彤抓蝴蝶，好不好？"爸爸蹲下来对哭着的田宇说。

　　田宇抹了抹眼泪，点着头。爸爸抱起他往外走，妈妈向爸爸伸出了大拇指。

　　除了上面的例子，生活中还有一些情况需要父母们注意，比如当孩子用手抓饭吃，妈妈打了孩子的手，孩子哭了，正在哭得喘不过气来之时，爸爸命令孩子"不要哭，闭上嘴"。孩子怎能一下子憋住这口气呢？

　　纵然成人是一番好心去教育，但实际上却起了摧残心灵、摧残健康的副作用，这种命令是孩子不能执行，听从不了，也不应该听从的。

　　其实，有一种比命令更好的方式，那就是沟通。

　　不知道父母有没有发现，自己在命令孩子的时候，说话的态度往往是简单而生硬，而在和孩子沟通时，说话的口气往往也心平气和了不少。温和的态度更容易让孩子接受，而粗暴的态度容易遭到孩子的反抗。所以，温和的沟通比生硬的命令往往有效得多。其次，孩子在接受命令时，是被动的，而在沟通时孩子是主动的。比起被动的指派，主动的接受就多了一种愉悦的心情，这也是孩子为什么讨厌父母直接命令的原因。

　　小飞扬今年4岁了，每天晚上总是在房间里跑来跑去，一会儿摆弄玩具，一会儿摆弄书本，总之就是不安静地睡觉。飞扬的妈妈每天晚上都要追在他后面：

　　"飞扬，不要再摆弄玩具了，去睡觉！"

“飞扬，把漫画书收起来，睡觉了！”

　　“陈飞扬，去睡觉！”

　　妈妈的声音越来越大，可是飞扬却还是玩自己的。这让飞扬的妈妈很崩溃。后来，飞扬的妈妈实在是没有力气喊叫了，就走到飞扬面前，心平气和地告诉他：“飞扬，小孩子要早早睡觉，才能早早起来，身体才会好。而且，爸爸妈妈明天早上也要早早起来上班，睡晚了，对身体也不好。你能安安静静地去睡觉吗？这对你对爸爸妈妈都好哦。”

　　飞扬听了妈妈的话，扔下了漫画书和玩具，乖乖地到自己的床上睡觉去了。

　　飞扬的妈妈也长舒了一口气。

　　通过沟通，最容易让孩子站在他人的立场上思考，也最容易让孩子养成理解他人的习惯。只有这样，他才有可能成为一个全面发展的优秀人才。所以，当下次父母命令孩子，而孩子依旧无动于衷时，不妨换个方式，好好沟通一下。

【怎么听怎么说之现场演练】

平等地和孩子说话

　　有的父母喜欢冲着孩子摆为人父母的架子，对孩子呼来唤去，常常用命令的语调对孩子说话。可是这样渐渐就会发现，孩子们慢慢不吃这一套了，常常将父母的一道道命令当成耳边风。

　　命令并不是教育孩子的好方式。

1. 积极的暗示有时会更有效果。

著名的教育专家陈鹤琴在《家庭教育》一书中举过这样的例子：一次，他看到自己的儿子拿着一块破旧的棉絮裹着身体当成毡毯玩。

如果是你，你会怎么做呢？

A. 把破棉絮夺过来 _____

B. 不管，任他玩 _____

C. 告诉孩子，这个不干净 _____

D. 其他办法 _____

陈鹤琴思考了一下，觉得还是用积极的暗示去指导最好，于是就对孩子说："这旧棉絮是很脏的，是有气味的，我想你不要玩这块布吧。你可以去向妈妈要一块干净的布吧。"

结果孩子听了之后，高高兴兴地就去找妈妈了。

无论是什么人，受到激励而改过，是很容易的事情，受到责骂而改过，则是比较不容易的。小孩子更是喜欢听好话，不喜欢听恶言。

2. 柔和的教育才有回旋的余地。

孩子玩积木上瘾了，可是时间已经不早了，该让孩子睡觉了。你该怎么跟孩子说呢？

A. 命令孩子停止玩耍，马上睡觉 _____

B. 让孩子尽兴地玩，不管他 _____

C. 让他再玩 10 分钟然后睡觉 _____

D. 其他办法 _____

如果父母明白孩子的心理，可以这样对孩子说："呀，这个东西真好玩，可惜时间不早了，乖孩子该去睡觉了。要不你再玩5分钟？"这样说话，既夸孩子乖，同时又用征求的口气同孩子说话，让孩子感受到了尊重。

而且这样父母说话也为自己留下了余地，即使孩子暂时不听话，父母也不至于为了自己的威严而和孩子大动肝火。

饶有兴味地倾听孩子的喜怒哀乐

我们都喜欢跟自己的朋友交谈，原因是：在我们悲伤时，朋友会给我们鼓励；在我们生气时，朋友会给我们安抚；在我们愤怒时，朋友会让我们平息；在我们兴奋时，朋友可以和我们一起兴奋。

总之，我们的一切情绪都会得到朋友的积极回应。

其实，孩子对父母也有这样的渴望，他们很希望自己的讲述可以得到父母的积极回应，希望父母可以饶有兴趣地倾听自己的喜怒哀乐。

有个男孩今年上初中，是一位超级球迷，虽然学业比较繁重，可是每次有足球比赛都要彻夜不眠地看。

他也很愿意给母亲讲足球的事情，可是每次兴高采烈地对母亲说着精彩的足球赛事时，母亲却没有一点兴趣，偶尔还会在儿子半夜看球赛时呵斥一下他。慢慢地，儿子就再也不跟母亲聊足球的事情了，这让母亲心里有些不好受。

于是母亲给儿子写了一封信：

你是一个铁杆球迷，为了看球，甚至可以不吃饭、不睡觉。说实话，我原本无法理解，对我来说，足球只是一堆人争夺一个球的无聊游戏。你常常深更半夜悄悄起来看英超、意甲转播，虽然为了不吵醒我们，你总是把音量调到最低，但是，你那压抑的激动声响，和偶尔克制不住而发出的大声喝彩，还是会惊醒我，那时，总免不了对你一顿教训。

可有一天，一个念头突然冒出来：能够让你如此如痴如醉的足球到底为何吸引你呢？我怎样才能够体会你在看足球时的快乐呢？有机会一定要尝试一下。

对此，儿子在自己的日记中也有所记载：

奇迹果然出现了！不但是塞内加尔的奇迹，也是我妈妈的奇迹——她竟然从此迷上了足球，每天抢着看报纸，准时看球赛，关心贝克汉姆，询问罗纳尔多。当我们同时情不自禁地站起来给中国队加油的时候，我感到我们的心灵第一次如此相通。我心里只想说："能跟妈妈分享我的快乐，我真高兴！"

我们都希望有人分享自己的欢乐与悲伤，孩子更是如此。我们都希望在讲述自己的喜怒哀乐时，能得到他人积极而正面的回应，孩子也是如此。

可是，有多少父母在孩子向他们诉说自己的喜怒哀乐的时候，做到了饶有趣味地倾听呢？很多父母，在孩子滔滔不绝地讲述着令自己高兴的事情时，打断孩子的话，或者只是简单地敷衍几句。

久而久之，孩子肯定不愿意再和父母分享自己的情绪。因为这种打断和敷衍会给孩子一种感觉，那就是：父母是不关心自己的。所以父母在听孩子讲话时，一定要认真积极地回应。

父母的回应一方面可以让孩子感受到父母对自己的关心和爱护，从而愿意与父母分享更多的自己成长中的故事，有助于父母了解自己的孩子。另一方面，这也是对孩子的一种鼓励，鼓励孩子更加从容地把自己内心的想法表述出来，这对于孩子日后的表达能力和交流能力的提高都是有益处的。

有些家长为了维护其尊严和权威，往往对孩子实行命令主义，总要摆架子，对孩子过多地批评、指责，极少鼓励、赞扬。这种家庭教育方式让孩子怎么开口讲心里话呢？有些父母因孩子动作慢，索性代劳，当孩子想表达自己的意见时，父母却抢着说。这种不耐心倾听的结果，会干扰孩子创造性的思考过程，使他变得沉默、依赖。

我们都知道，仔细倾听孩子的诉说并回答孩子的问题对加深亲子关系大有裨益，这可以加强孩子的自信心和安全感。

因此，孩子说话时，无论家长有多忙，一定要眼睛看着孩子，不要随意插嘴，尽量表现出听得很有兴趣的样子。

【怎么听怎么说之现场演练】

欣赏孩子有技巧

欣赏孩子，和其他人际关系中的欣赏是一样的，也是一门交际艺术。用什么样的方法对待孩子才会使他们感到舒服呢？这里其实有一些技巧，需要我们掌握。

1. 孩子需要得到全方位的欣赏。

想一想你在日常生活中，对孩子表扬最多的是哪几方面？

———————————————————

如果说，我们对孩子的爱是全方位的，那么我们对孩子的表扬也应该面面俱到才行。孩子任何有益的言行，父母要能在第一时间认可。

2. 欣赏孩子要用非语言因素。

想想你在生活当中，赞赏孩子最常用的方法是什么？

———————————————————

我们表扬孩子，语言是最常用的方法，但并不是唯一的，表情、姿态等也能够起到欣赏的作用，而且还会使孩子感到更加亲切。和孩子交流的时候，要尽量使用亲切的眼神注视孩子，表示自己在专心倾听，让孩子深深体会到别人对他的尊重和支持。

3. 表扬的话语不要扯上批评的尾巴。

想想你在日常生活中，对孩子是表扬多还是批评多？

———————————————————

这世界上没有不存在缺点的孩子，所以作为家长，要包容孩子的缺点，不能在欣赏孩子的时候，总是捎带着一个批评的尾巴。比如说，有的父母刚刚称赞完孩子的语文水平提高，接着就说他的数学成绩太差。这种把表扬和批评混淆在一起的方法，不但不能起到激励的效果，甚至会让孩子失望。

4. 不要进行孩子之间的比较。

你是否经常在自己孩子面前夸别人的孩子？

———————————————————

家长切忌用比较的方式来突出某个孩子——无论是自己的孩子，还是别人家的孩子。孩子们都很敏感，无论当面夸奖哪一个孩子，另一个孩子都会感受到冷落或否定，甚至会觉得大人偏心、不公平。

及时关注孩子的情绪变化

曾经有一位教育家说过："最好的父母一定是懂得孩子的心事的父母，是在孩子最需要的时候给孩子关怀的父母。"

其实每个父母都想做一个优秀的父母，希望自己可以懂孩子内心的想法，能在关键时刻给孩子帮助。然而还是有不少父母在教育孩子的过程中发现，这其实是一件很难的事情。

一天，晓峰闷闷不乐地回到家，什么话也没说，可妈妈一看就知道晓峰有心事。

"儿子，怎么了？有什么事情想跟妈妈说说吗？"晓峰的妈妈温和地问了晓峰一句。

"心里有些烦！"晓峰的话中充满了怒气。

"说说吧，看妈妈能不能帮你。"晓峰的妈妈继续温和地对晓峰说。

"今天去上学的时候正好遇到我们班一名女同学，当时她拎的包很沉，所以我就帮她拿了，两人一起走到了教室门口。没想到同学们见了都起哄，连老师也误会了，唉。"

"原来是这样啊！被人误会了，心里一定不好受吧！但你热心地帮助同学拿东西是好事，相信大家的取笑没什么恶意。"

听了妈妈的话，晓峰心头的阴霾渐渐散开了，心情也变好了，高兴地去做作业去了。

孩子在成长的过程中，会遭遇到各种各样的问题，有时候他们会选择主动求助，有时候也会把不快藏在心里。

这时候就需要父母及时关注孩子情绪的变化，从细微的地方去感知孩子是不是遭遇到困难，从而帮助孩子解决困难。

彬彬最近在回家的路上，总是被高年级的同学欺负，他们还恐吓彬彬说要是敢告诉家长、老师就让彬彬好看。这让彬彬心里很害怕，即使回到家里也是一副担惊受怕的样子。

他很想跟爸爸说说这件事情，可是想到同学的恐吓，还是没敢张嘴。爸爸隐隐约约地感觉到儿子似乎有什么话跟自己说。

"彬彬，你有话要跟爸爸说吗？"彬彬的爸爸习惯性地问了彬彬一句。

"没，没有。"彬彬结巴着回答道。

"哦，没有的话就去写作业吧。"

就这样，彬彬的爸爸没有觉察出来彬彬的恐惧，失去了一次帮助彬彬的机会。最后，悲剧发生了，彬彬有一次实在忍受不了那些同学的欺负，开始反抗，用刀割伤了其中一个同学的胳膊，让这位同学住进了医院。

试想一下，如果彬彬的爸爸能够及时感觉到孩子情绪的变化，细心地引导孩子，悲剧恐怕就不会发生了。

及时感受到孩子情绪的变化，不仅仅能及时帮助孩子解决问题，更能给孩子安定的力量和支持，让孩子更有勇气战胜困难，并同父母更亲近。

刘强已经上初三了，再也不像小学时候那样，什么事情都愿意跟妈妈说，这让妈妈很沮丧。

于是，刘强的妈妈开始关注儿子情绪的变化，希望能找到一个机会，让孩子主动跟自己说说心里的事情。

有一天，刘强生气地回到家中，用力地把一本物理书摔在沙发上，然后就躲进了自己的房间中。刘强的妈妈感觉到刘强很生气，于是敲开了刘强房间的门。

"我感觉到你很生气，而且，我猜跟那本物理书有关系。"

"今天下午，我们的物理老师正在给我们在讲题，我突然想到了这道题其实还可以用另一种方法去解，于是就站起来对老师说了我的想法，结果被他给批评了一顿，说我没有礼貌，随便打断他讲话！"

"怎么也得等你讲完自己的想法再批评你嘛！"

"对，我也觉得，他没有给我说我自己想法的机会，这让我很生气！"

就这样，刘强跟妈妈谈了好久，到最后刘强不生气了，刘强的妈妈也很开心，因为自己好久都没有跟儿子谈这么久了。

孩子的成长需要家长的关怀。在平时的生活中，家长要学会做一个有心人、细心人，多抽些时间陪陪孩子，多注意孩子情绪的变化，多为孩子分忧解愁，这样孩子才会和家长更贴心，也才会把心里话和家长说。

【怎么听怎么说之现场演练】

正确处理孩子的负面情绪

孩子和我们成人一样，有他们自己的烦恼。他们也会郁郁寡欢、怒不可遏、无理取闹……这些情况都很正常。作为家长，我们首先应该接受孩子的负面情绪，然后再积极引导。

在面对孩子的负面情绪时，家长保持良好的情绪是关键。在很多时候，虽然我们深爱着自己的孩子，但是在生气的时候也会表现出否定、责备，这会让孩子忽略我们的目的，而更加关注我们的情绪。

1.孩子出现担心、害怕的情绪，怎么办？

举例：孩子有一次做噩梦被吓醒了，但是又怕别人知道了会嘲笑自己胆小，你怎么跟孩子说？

—————————————————

当孩子出现类似这种情况，我们可以以一种很轻松的口气安慰孩子，同时用科学知识帮助孩子解答。

像做噩梦这种情况，我们完全可以宽慰孩子说，噩梦只是由于平日玩得太累或者睡姿不好而引起的，而且噩梦本身也不是真实存在的。

或者，我们还可以跟孩子说"哎呀，我小的时候也有类似的担心和害怕，不过后来我自己就能克制了"，这样的方法还是挺管用的，而且屡试不爽。

2. 孩子有点无理取闹，怎么办?

举例：孩子想要一套拼图玩具，你不想给买，然后他就大哭大叫，你会怎么办?

───────────────────────

对待孩子的这种无理取闹，最好的方式就是冷处理，任由他宣泄，不要被他哭闹的架势屈服，也不要同意他的无理要求。

等他哭累了，觉得没趣的时候，就不闹了，这样的处理效果最好。或者，我们还可以对他说"咱们来照照镜子吧，看看你是不是变丑了"。

与孩子保持恰当的距离

伯尔是一位精力充沛的父亲，经常在儿子小的时候带着他去登山。在登山的时候这位父亲总是大步流星地往前登，把儿子甩在后面，就好像和孩子比赛一样。

儿子自然没有他登得快，被远远地落在后面。有时候儿子就一个人站在那里害怕得不敢走。

伯尔的妻子总是担心孩子会掉下山去，会磕磕碰碰，会走丢，所以，最初登山时，伯尔的妻子走得很慢，为的是和孩子做伴。

伯尔不同意她的做法，讨论几次之后，伯尔说，如果妻子要和孩子待在一起，就干脆留在家里，不要去了。

由于伯尔的坚持，最后，妻子同意了。之后登山，她虽然仍频繁地往后看，但始终和伯尔走在前面。其实，伯尔也在偷偷地回头观察孩子的一举一动，只不过尽量不让他发现而已。

就这样，慢慢地伯尔发现了一件让他很高兴的事情，那就是儿子终于变得勇敢了，不再害怕一个人走在爸爸妈妈的后面。

有时候他会很高兴地在后面欣赏风景，而不是像刚开始那样充满不安，只顾追伯尔。甚至有时候儿子会加快脚步走在伯尔和妻子的前面，俨然是一个独立的"小大人"。

老鹰教小鹰们飞翔的时候，它不会等小鹰"翅膀硬了"才开始，而是叼着还很孱弱的小鹰飞到高空，松口让小鹰掉下山崖。这个时候，小鹰如果不努力挥动翅膀，就会掉下悬崖摔死，而也就是在这种时刻，它的翅膀慢慢地变硬。

千百年来，鹰族一直保持着这样冷酷的训练方式，事实证明，这样的"教育"对小鹰们的成长是有利的。

就像故事中的伯尔，在行动上与孩子保持距离，让孩子看到目标，找到前进的方向。而老鹰则在情感上也保持和孩子的距离，让它们身陷危境，必须努力寻求自保。这两个实例，都是在告诉家长，保持距离是让孩子成长的必需步骤。

与孩子保持恰当的距离，让孩子自己独自去面对生活中一些困难或者问题，并让他们独自去解决，这样孩子才能积累下必要的生活经验，才能慢慢地独立。如果一直都是父母代劳，那孩子的经验从何而来呢？如果父母一直都紧跟在孩子身后，那孩子如何学会独立呢？

一位儿子骑着自行车在操场的跑道上慢慢地前行，父亲在后面扶着。

"爸爸，你一定不要放手，不然我会摔倒的。"

"可是，如果我不放手，你又怎么真正学会骑自行车呢？"

"可是，我要是摔了怎么办？"

"不要担心，我会与你保持恰当的距离，及时扶住你的。"

"真的吗？"

"真的，放心骑吧！"

就这样父亲慢慢放开了手，孩子开始颤颤巍巍地骑着自行车在操场上转起了圈。

此外，与孩子保持恰当的距离，也会让孩子享受一些独自做某些事情的快乐。如果父母一直跟在孩子的身后，孩子的有些快乐就被无意中剥夺了。这对孩子来说，其实不见得是一件好事。

方方的妈妈每天下午都会接孩子放学，然后两个人一块儿走回家。有一天，方方的妈妈临时有事，不得不让方方独自一个人回家。那一天，方方回到家中的时候已经很晚了，这让方方的妈妈很担心。

"你怎么回事，去干什么了，回来这么晚？"方方的妈妈焦急地问道。

"没干什么，就是看了一下路上的每一棵树。"方方不紧不慢地回答道。

"树有什么好看的，你每天下午放学都能看见。"方方的妈妈有些生气了。

"可是，你每次总是在催我快走，我想捡几片叶子，仔细看看它们有什么不同都没有机会。好不容易我可以一个人回家了，我当然要仔细看看呀。"方方委屈地哭了起来。

总之，家长要记住，保持距离是一种对人格的尊重，这种尊重即使在最亲近的人中间，也应该保有。

稍微留一点分寸，得到的往往是海阔天空！而一旦没有了这种距离，没有了这种尊重，越过了这个尺度，是很容易产生了隐患的，而这种隐患一旦产生，离两个人的关系疏远甚至崩溃也就不远了。

因此家长要本着平等和理性的态度去尊重孩子，母子之间留一点空间，父子之间有一点距离。这才是孩子真正需要的高质量的爱。

【怎么听怎么说之现场演练】

从放手开始，培养孩子的独立性

大家都希望自己的孩子能够独立，对于孩子独立性的培养，应该首先从自我照顾开始。但独立的更深层含义，是一种独立人格的培养。

一个真正具备独立人格的人，不仅很会打理自己的生活，还会更加自信，对环境、对未来都会有更好的适应能力。所以，有时候我们应该给孩子创造这种机会，让他有独立的空间。

下面一起来做这样几个情景分析：

1. 你的孩子想自己一个人到草地上去找蒲公英，你会让他一个人去吗？

A. 不行，一定要家长跟着 _____

B. 让孩子自己去，但是不能让孩子离开自己的视野范围

_____

C. 放心地让孩子去玩 _____

当孩子想尝试自己独立的时候，做父母的需要传递给孩子一个信息：我们对你有充分的信心，但是如果你需要我，我们会立刻出现。也就是说，父母只需要"存在"，但是不要轻易干扰。

孩子有时候虽然很想独立完成某件事情，但是毕竟能力有限，当他遇到某些困难的时候，自然会向父母求助。

所以，父母的存在很重要，他们需要培养孩子的独立性，但并不是放手不管，而是要在恰当的时间出现。

2. 你的孩子眼看上学要迟到了，你会帮他收拾东西吗？

A. 会，这样他就不迟到了 _____

B. 不会，自己的事情让他自己做 _____

父母应该提供给孩子尝试自己处理事务的机会，这样不仅能够让孩子增强自信，更可以让孩子学习自立。

如果早上的时间比较紧张，帮孩子收拾东西这件事情，完全可以由妈妈做过渡到让孩子自己做，这是一个挺好的锻炼孩子的机会。

第2章 让孩子信任我们、接纳我们

教育的过程少不了陪伴的环节

据世界卫生组织公布的一项研究数据表明，平均每天能与父母共处两个小时以上的孩子，其智商要比那些没有和父母相处的孩子高。

不仅如此，那些长时间没有父母陪伴的孩子在成长过程中很容易表现出"情感饥饿"，从而刁蛮任性或者多疑胆怯。

因此，不少教育专家都建议父母，不管多忙都要抽空陪陪孩子，以满足孩子的情感要求，促进孩子健康快乐地成长。

孩子是父母最大的支撑，父母在为孩子拼搏，希望孩子能有一个温馨的家庭、灿烂的未来。

但是，很多父母由于太忙了，根本没有时间来亲自照料孩子，也很少能沉住气耐心陪陪孩子，使孩子难以享受家庭的温馨。

明明的爸爸是一个经理，经常要去工地，早出晚归，甚至有时候周末还要去外地。明明几乎很少和爸爸交流，可是明明一直很希望有机会和爸爸待在屋子里玩游戏。

今天明明的爸爸终于有时间休息了，明明特别高兴。

"好，爸爸就满足一下你小小的心愿。那我给你读一下新买的那本故事书吧。"

"哦，爸爸真棒。走，我们去客厅吧。"说完，明明就拉着爸爸往外走。

父子两人来到客厅，爸爸刚把书翻开，准备给明明讲故事，电话就响起来了。

"儿子，坐在这里等等爸爸啊，我接个电话，马上就回来。"爸爸说完就去和客户聊开了，把明明晾在一边。

打了一通电话之后，爸爸回来找孩子，刚要开始读书，没想到电话铃又响了。

"明明乖啊，爸爸再去接个电话。"爸爸说着又跑开了。

这时的明明心里很难过，觉得原来爸爸这样不重视自己，"算了，还是自己一个人玩吧。"然后就拿着故事书闷闷不乐地回到自己的房间去了。

这是在很多家庭中都会出现的片段，父母可能觉得这没什么大不了，事后哄哄孩子就好了。可是站在孩子的立场来看，这就是对孩子的不尊重，从而让孩子对父母很失望。

还有一种情况：很多家长由于工作确实很忙，实在抽不出时间来和孩子交流，自己内心也是充满愧疚，于是就用物质来弥补孩子，希望以此减少自己对孩子的愧疚感。

但是这样的效果真的好吗？答案显然是否定的。要知道，情感教育的缺失是不可以弥补的。

小强的爸爸工作很忙，可以说是以岗为家，早出晚归，小强很少能看到爸爸。因为每天早上他还没有起床，爸爸就上班去了；晚上他要上床睡觉了，爸爸可能加班还没有回来。

爸爸其实心里觉得很愧疚，不知道用什么样的方法来补偿孩子，他所能想到的，就是用物质来回报孩子。

于是，每当爸爸出差回家，就会召唤小强："小强，快来看爸爸给你带什么好东西回来了。"

孩子立马就从自己的房间跑出来，接过爸爸手中的礼物，说"谢谢爸爸"，然后又跑回自己的房间玩去了。

几乎每次小强的爸爸出差，都不忘给小强带礼物，小强好像也摸清了爸爸的行动规律，每次当爸爸出差回家的时候，他就会主动地跑出来，然而眼睛不是看爸爸，而是盯着爸爸手中的礼物，接过礼物就自己玩耍去了。

有一次爸爸出差回家，恰巧忘记了带礼物给小强，而小强也像往常一样高兴地从自己的房间跑出来迎接爸爸，然后失望地说："咦？你怎么这样就回来了？没有给我带礼物吗？"听到孩子这样的问话，爸爸哑然。

其实孩子最需要的，并不是这些好的玩具和礼品，而是父母的关怀、陪伴和交流。很多家长在年轻的时候没有时间陪孩子，等到孩子长大之后，他们痛苦地发现，孩子已经不愿意和他们沟通了。而如果单纯地靠物质和孩子进行沟通，那会让孩子把沟通看得很功利。

父母可曾想过，你们努力地在外打拼，为的就是让孩子生活得更好，可是在教育孩子的问题上，总是出现重大的失误，是不是有点得不偿失呢？因此，聪明的父母，总是想尽各种办法，抽出时间多陪陪孩子。

【怎么听怎么说之现场演练】

试着制定一个"孩子时间"

在日常生活当中，无论有多忙，父母每天都应该抽出一定的时间和孩子在一起，陪伴他们成长。

能够和孩子快乐地在一起，不仅仅是在享受天伦之乐，更重要的是让孩子知道，我们是多么在意并且关注他。来给自己打打分，看看在这方面做得是否到位：

1. 你每天陪孩子多长时间？

A. 不到半小时 _____

B. 一小时左右 _____

C. 一个半小时以上 _____

2. 你平时会固定一些时段和孩子在一起吗？

A. 没有固定时段，想起来就陪一陪 _____

B. 有固定时段，和孩子商量好的 _____

C. 基本不交流 _____

3. 如果孩子要求你陪他，你会怎么做？

A. 果断拒绝 _____

B. 视心情而定 _____

C. 第一时间帮孩子舒缓心情 _____

陪伴孩子需要时间，也需要提升单位时间内的质量。多给孩子时间，多陪伴孩子，很多亲子关系上的问题可能就会迎刃而解。

理解是建立默契的开始

在家长和孩子之间，没有什么是无法沟通的，因为，每一个人都是从孩子长成大人的。

一个心理专家曾经写过这样一个真实的故事：

有一个孩子灰溜溜地出现在我面前，肯定是闯祸了。果然，他老是喜欢打邻居家的猫，人家都警告好几回了，他还是不听。

"是因为有什么心事吗？其实，我能理解你。我年轻的时候也做过一些不好的事情呢。"时光回到了我的少年时代。

"在我读初中的时候，父亲做生意，亏了很多钱。三四年的时间里，总有来路不明的自行车停在我家院子里，等着要账。有一年快过年的时候，还有两三个收账的就是不走，我当时心里特别难受，也很埋怨父亲。后来，我形成了一个习惯，就是但凡看到陌生的自行车停在我家，就会想办法拔了人家的气门芯，让他圆着进来，瘪着出去。这件事情渐渐被爸爸发现了，我挨了一顿打。其实，我当时也明白自己这样做是不会让家里少还一分钱的，要账的走着也能来，我总不能在地上铺钉子扎鞋吧，但我心中的委屈和痛苦需要发泄，所以我一如既往地拔气门芯，直到家里要账的人越来越少。"

"这是我小时候的功绩之一，还有很多呢，唉，小时候自己做了错事还不觉得错呢。"

"我打那只猫，是因为它什么都不干就可以吃东西，我却要好好念书写作业才能吃东西，这不公平！"他终于开口了。

"嗯，是不公平，不过你打猫也不起作用啊。"一个拧在孩子心中的结，慢慢打开了。

很多人在年轻的时候，对待周围的事情都非常敏感，并且想得很细致。但是到了成年之后，这些人就会完全忽略那些细微而丰富的东西，并且忘记了自己曾经年轻过，觉得读不懂孩子，无法理解孩子了。其实，这些大人在小的时候，有孩子一样的心路历程，只是他们忘记了而已。

20世纪70年代，流行黄上衣红星帽，左胸口插一支钢笔更时髦；80年代，流行喇叭裤、BP机，扛着录音机上街更拉风；90年代，流行染发，挑几缕金黄色的最有回头率；现在，流行火星文、自拍，在博客上说什么都能找到共同语言……时代一直在变化，而人的成长轨迹是一样的，渴望表达、渴望重视、渴望成功，改变的不过是抒发这些情绪的方式罢了。

要想理解孩子的情绪，需要家长反思一下，想想自己年轻的时候是什么样子，是否也经历过类似的问题，那时候的自己最希望父母怎样做……这样就知道现在身为父母的自己该怎么做了。

家长可以多回顾自己年轻时候的样子，这样就可以明白孩子的过错实在不是什么新鲜事，多多理解孩子，孩子的成长是需要爱和包容的。

而只有真正地理解了孩子，孩子与父母才可能建立一种默契。

每天下午五点放学，童童只要吹一下哨子，童童的爸爸就会抱着足球跑向儿子。而等到晚上七点吃完饭，童童的爸爸只要眼睛瞅一下钟表，童童也会自觉地关掉电视，回到自己的房间写作业。邻居们都说这是一对天生就非常有默契的父子。

可是，只有童童和爸爸知道，这默契的建立实在是来之不易的。以前童童十分爱玩，讨厌写作业。童童的爸爸试了各种各样的办法，包括把童童锁在屋子里强迫他写、弄坏没收童童的足球让他没办法玩等，可是都不见效。直到有一天，童童对自己的爸爸大声喊道："难道你小时候就只爱写作业，不爱玩吗？"童童的爸爸才想起了自己当年也很爱玩。于是他也开始理解童童了。最后，和童童商量，他陪童童玩一会儿，童童得乖乖地自己写作业。没想到童童很爽快地就答应了。刚开始，童童玩了一会儿后，写作业还得他去催促，后来，只要一看钟表，童童就知道自己该写作业了，父子之间默契了不少。

我们都希望自己和孩子建立一种默契的关系，那就不妨学学童童的爸爸，多多理解孩子。

【怎么听怎么说之现场演练】

测试一下，你和孩子的默契程度

你真的了解自己的孩子吗？你和孩子真的存在默契吗？

存在默契的一个重要前提就是能够对孩子足够理解。下面一起做个小测试吧，一共有 8 个问题，你可以试试自己能不能答对，答对的数目越多，说明我们对孩子的理解程度越高。

1. 你的孩子最喜欢什么颜色？

_____

2. 你的孩子最怕什么？

_____

3. 孩子最好的朋友是谁？

_____

4. 孩子最喜欢吃的食物？

_____

5. 孩子的梦想是什么？

_____

6. 孩子最喜欢听的故事是什么？

_____

7. 孩子最喜欢的小动作是什么？

_____

8. 孩子最喜欢的电视节目是什么？

_____

　　如果我们答对的很少，那么就要注意了，我们要多花些时间来陪伴我们的孩子，来认识你的宝贝。

　　和孩子增加交流，建立默契，其实现的方式可以是多种多样的。即便是同样的父母，面对同样的孩子，也需要不断地调整自己的教养模式，不能总是用一套僵化的套路来和孩子建立默契。比如说，并非总是向孩子刨根问底，就会让孩子觉得有默契，也并不是总帮孩子做事情，孩子就会觉得默契。默契是一种心灵的感应，想做到默契，要在理解孩子、爱孩子的基础上，再施展教育的技巧。

如何应对和大人"对着干"的孩子

不少父母都发现，每个孩子在成长过程中都有这样一个阶段：对于父母的话左耳进右耳出，动不动就跟父母顶嘴，或者跟父母对着干。孩子究竟是怎么了呢？怎么突然间就这样不听话了？

罗定的爸爸妈妈是一对很开明的父母，一直以来很少跟罗定有冲突的时候。可是罗定的妈妈最近发现，儿子自从读小学六年级以来，发生了显著变化。他似乎不像以前那样喜欢跟父母交流了，对于父母的一些做法和看法，他也时不时地提出反对意见。有一段时间，他甚至特别喜欢跟自己的父母"对着干"：父母要求他做的事情，他总是找各种理由拒绝；父母给他的意见和建议，他也经常当作耳旁风；当父母想要跟他好好谈谈的时候，他没听几句就索性出门。

"小定，你上次不是说想去看话剧吗？这周末妈妈陪你一起去看吧。"

"不了，我现在不想了，我周末想要跟同学一起去唱歌。"

"小定，过两天就是你的生日了，以前你总想请同学到家里来玩玩，明天爸爸妈妈就给你们足够的时间玩，我已经帮你们准备了很多零食，到时候你们可以好好聚聚。"

"不用了，我现在觉得还是去外面过比较好，我已经跟同学们说了，把地点定在必胜客。"

"那爸爸妈妈也去，顺便帮你买单？"

"不行，我请的都是同学，你们去不合适。"

"你这孩子，怎么总喜欢跟父母对着干？也不想想如果你是父母，我们老是跟你这么对着干，你心里会好受吗？"罗定的妈妈很委屈地对罗定说，惹得罗定的爸爸哈哈大笑。

其实，罗定之所以会经常做出与父母"对着干"的举动，与青春期的成长阶段和心理密不可分。在生活中，面对孩子成长发育过程中的这些心理特征，父母应该多多了解和关心，在这一基础上，父母可以通过一些实际行动来帮助孩子走出青春期的困惑，帮助孩子健康成长。尤其是当孩子出于叛逆而做出一些不合时宜或错误的事情时，父母更应该好好引导和教育了，而不是一味地对孩子进行指责，这会让孩子更加反感父母，从而更加叛逆。

兰兰下学期就读初中了，妈妈发现，她最近变得有些奇怪，总喜欢跟同龄人聊天，却什么话也不喜欢对家人说，有时候妈妈问上好几句，她才勉强回答一两句。更让妈妈担忧的是，原本乖巧的女儿似乎一下子变得叛逆起来了，在很多事情上她总喜欢跟父母对着干。

"兰兰，你不是一直想跟向老师学舞蹈吗？我们昨天已经帮你联系好了，明天就带你去报名上课。"妈妈高兴地说。

"舞蹈？我现在已经不想学了。"兰兰没好气地答道。

"你这孩子，上次不是哭着嚷着要去吗，妈妈费了很大的劲才帮你联系上，现在怎么不想学了？"

"就是不想，我就不喜欢按照你的意思去做，就不想总是顺从你！怎么样！"

这个时候，兰兰妈要怎么跟孩子说呢？硬碰硬行吗？当然不行，这样做的话，只会让孩子的逆反心理更加强烈。其实，兰兰的妈妈不妨和孩子好好商量，在商量的过程中不要急于说服孩子，而是听孩子倾诉，把好她的脉，然后对症来下药，就可以取得事半功倍的效果。

在这个过程中，专家给出了以下三点建议，父母在引导孩子的过程中需要特别注意：

第一，尊重孩子，让孩子和父母有同等发言的机会，不能只是父母说了算，不许孩子表达自己的看法。其实，很多孩子不听父母的话并不是认为父母的话没有道理，只是觉得父母用一种高高在上的态度命令自己，这让他们感觉父母很不尊重自己。

第二，了解孩子，在此基础上如果发现孩子有做得不正确的地方，用一种商量和讨论的方式同孩子交流。孩子需要父母的理解，如果父母不了解孩子的喜好，只是站在大人的角度，对孩子进行命令或者评判，孩子当然是听不进去的。

第三，树立孩子的自信心。家长对于孩子处理问题中的积极方面要给予充分肯定，在此基础上与孩子讨论如何进一步完善事情处理的方法，孩子比较容易接受。

总之，要放下家长的权威，用爱心引导孩子，孩子自然会放下自己的叛逆的"武器"乖乖和父母站到相同的"战线"上去。

努力和孩子取得思想一致

想让孩子向好的方向发展，作为父母的我们要尝试着改变一些自己的不良做法，不要对孩子过于严厉，也不要总是喋喋不休，否则的话，我们越是卖力地管教，反作用越大。看看下面的一些问题吧，反思一下自己做得怎么样。

1. 你在说话做事的时候照顾到孩子的感受了吗？

A. 从来没有 ＿＿＿＿＿＿＿＿＿＿＿＿＿＿＿＿＿＿＿

B. 有时会想起来，有时会忘记 ＿＿＿＿＿＿＿＿＿＿

C. 一直很关注孩子的感受 ＿＿＿＿＿＿＿＿＿＿＿＿

实际上，我们关注孩子的感受，就等同于关注他是否接受我们的建议。有些家长认为教育孩子就是要严厉，在管教孩子的时候不许他这样那样，打骂孩子更是家常便饭。但是，在这种环境中成长起来的孩子，往往会懦弱、胆小怕事，要么就是逆反性强。

还有一种家长，喜欢过多地干预孩子的行动，喜欢对孩子唠叨，对孩子的行为和想法总喜欢提出些反对意见。这样必定会引起孩子的反感和不满，对于教育和帮助孩子是没有好处的。

2. 你在管教孩子的时候喜欢摆架子吗？

A. 嗯，有必要用这种方式震慑 ＿＿＿＿＿＿＿＿＿＿

B. 发怒或不发怒，都顺其心情 ＿＿＿＿＿＿＿＿＿＿

C. 尽量和气，以理服人 ＿＿＿＿＿＿＿＿＿＿＿＿＿

父母在管教孩子的时候应该以尊重和宽容为前提。尽量多用一些商量的口气和孩子说话，可以温和一点的时候就没必要太严厉，更不要向孩子发号施令。

3.你愿意多给孩子一些自己做决定的机会吗？

A.小孩子不懂事，家长代劳 _____

B.在一些事情上孩子有自主权 _____

在平时，父母可以多给孩子一些自己做决定的机会，让他们有一定的选择权，这样就可以大大减少逆反的行为。如果家长什么事情都独断专行，那么也难怪孩子有意见。

此外，对于那些总喜欢跟父母对着干的孩子，父母应该多多给予安抚和引导，在坚持原则的前提下，可以多多表扬一下孩子的良好表现，或者在日常生活中鼓励孩子玩玩互换角色的游戏，让孩子体验一下做家长的感觉。这样，孩子就比较容易理解家长的用心了。

努力寻找你们的共同话题

由于爸爸妈妈平时的工作很忙，小于从小就跟着爷爷奶奶长大，直到上初中时，他才被接回到父母的身边。

由于长期没有跟父母生活在一起，小于起初与父母的关系不是很好，表现出极大的不信任，并且凡事都喜欢跟父母对着干。

小于的妈妈在多次尝试沟通失败之后，听从了教育专家的意见，试着走进孩子的生活，努力寻找与孩子的共同话题，以缩小与孩子的距离。在知道儿子喜欢打球之后，她终于找到了突破口。

"儿子，今天是周末，你想要打球吗？妈妈有段时间没运动了，很想去活动活动筋骨。"妈妈说。

起初，孩子十分不愿意和妈妈一起去运动，总找各种理由推脱，可几次之后，他终于答应了。

在球场上，母亲和儿子配合得非常默契。打完球回来，妈妈略带佩服地说："儿子，你在球场上表现真棒，没想到遇上高手了。今天我很愉快，因为我们都喜欢打球，以后再一起切磋。"

听完这些话，小于终于会心地笑了，与妈妈的距离感也消失了不少。

有不少父母发现，在生活当中，孩子越是长大了，和自己的关系越疏离，特别是正处于青春期的孩子。

还有一些父母发现，自己的孩子非常善变，在学校中和在家中判若两人，在学校里活泼开朗，但是在家中却是一言不发。

实际上，孩子在成长的过程中表现出对父母的疏离是一种比较正常的现象。孩子长大了，他们渴望挣脱父母的束缚，按照自己的意志去安排生活，同时也希望父母能够给予理解和支持。反之，就会表现出叛逆。

当然，对于这种疏离，父母也并不是束手无策的。让父母与孩子交流受阻的另一个关键原因就是父母和孩子之间缺乏共同语言。再加上有些爸爸妈妈常年忙于工作，不重视与孩子的交流，好不容易有了和孩子沟通的机会，又往往将侧重点放在孩子的学习成绩上，对孩子真正感兴趣的事情置之不理。

这种价值观的不同，直接导致父母与孩子之间的隔阂。

要想摆脱这种僵化的亲子关系，最好的方式就是试着和孩子做朋友，努力寻找和孩子的共同语言。

父母如果真的关心孩子的成长，想要真诚地和孩子交流，那么就应该允许孩子有自己的想法，并鼓励孩子说出自己真实的感受。同时，作为父母也要有意识地不断提高自己，多关注一些新鲜事物，多关注孩子喜欢的东西，努力让自己的思想跟上时代，不要让孩子觉得自己很老土。

怎样跟上孩子的步伐呢？

比如说，喜欢篮球的孩子很想看 NBA 球赛，那么父母就不要因为看电视剧和他抢频道。再比如说，孩子和同学玩得很开心，回家晚了，父母要抱以尊重和理解，不能上来一顿臭骂。再比如说，孩子很喜欢流行歌曲，父母也不妨试着学唱几首，体会一下孩子的感受。

我跟孩子一起坐在沙发上，看着电视里播放的韩剧《秘密花园》，女儿看得兴高采烈，这让我很奇怪。

"你很喜欢里面的男主角吗？"

"当然喜欢啦，那是玄彬哦！"

"可是，我更喜欢女主角。"

"为什么呀？"

"因为她很努力呀，作为一个武打替身，她喜欢自己的职业，努力去做到最好。而且心地又善良，面对自己喜欢的人，虽然有时候表现出很骄傲的样子，可是私底下却努力跟他学习。"

"嗯，男主角也很好呀。那么爱她，照顾她。"

"是不错，可那也是因为这样的姑娘值得他爱。"

"好吧，妈妈，我想我知道你什么意思了，我也会努力做一个值得爱的女生。"

"哎哟，15 岁的孩子说出这样的话，可真是不害臊哦。"

"这都 21 世纪了，有什么害臊的？"

我笑了笑，看着女儿放下了遥控器回到房间去睡觉了。

在教育女儿的过程中，我尽量避免去讲大道理，大多数的时候都是通过孩子喜欢的东西从侧面给她讲述。就这样，即使是在孩子的青春期里，我们母女还是关系很亲密，女儿也很少叛逆。

其实，当孩子意识到自己和父母有共同话题的时候，他们自然也愿意和父母多交流，主动向父母敞开心扉，把父母当作自己的朋友。

【怎么听怎么说之现场演练】

了解孩子的梦想，协助他实现

如果有一天，我们开始有这样的感觉：我和孩子可以谈论的话题越来越少，我们的共同语言随着时间的流逝而消失。那么，作为家长，我们要尽量想办法了解孩子的兴趣点到底在哪里。

1. 你会尽全力读孩子读过的书吗？

A. 不，他看的我从来不看 _____

B. 有时偶尔翻翻 _____

C. 但凡孩子看过的书，一定亲自过目 _____

我们可以尽自己的努力，与孩子读同样的书，或者寻找孩子喜欢的书给他，孩子和家长就可以拥有同样类似的经验，就可以产生共同的话题，从而变得更加亲密。

2. 你会和孩子一起规划他未来的蓝图吗？

A. 没兴趣，不过小孩子说说而已 _____

B. 会很认真地听，然后夸他有出息 _____

C. 不仅认真听，还给提些建设性意见 _____

只要是养育过孩子的父母，都会达成这样的共识：孩子的梦想瞬息万变，一天会换很多次。他们一会儿说要当企业家，一会儿说要当电脑专家。不过，要是真正有心的家长，还是可以从孩子的梦想中看到些蛛丝马迹，可以和孩子大概想一想实现一个梦想所需要准备的事项，并进一步具体规划这些梦想。与此同时，孩子会很高兴父母能够认同自己的想法，仿佛一下子找到了知音，如此一来，你们还愁找不到话题吗？

关心孩子的感受，积极地帮助他

每个孩子在成长的过程中难免遇到伤心的事情，因此会偶尔表现出闷闷不乐，不想跟别人交流。但是如果一个人长期沉默寡言，不想跟他人交往，就需要家长特别注意了。

文文的妈妈最近很为女儿担心，因为在前不久的家长会后，老师跟她说，文文平时性格内向、沉默寡言，上课时总不积极回答问题，下课之后也不怎么喜欢与同学交流，这对孩子的成长十分不利。

文文妈妈回想一下，觉得孩子平时就听话而内向，在公共场合胆子向来比较小，不禁怀疑自己的孩子有"社交恐惧症"。

"文文，今天是周末，你怎么不出去找同学玩啊？"

"不去了，也没什么玩伴，我还是在家好好学习吧。"

"学习也要注意劳逸结合啊，你出去玩吧，去找隔壁的肖丽吧，她今天在家。"

"不，我决不会找她玩的，她那么好动，话也很多，还总喜欢到人多的地方凑热闹，我可不想。"

"热闹很好啊，大家一起玩才开心嘛！"

"我不觉得，我喜欢一个人安静地待着，在人多的地方我常常感到害怕而焦虑，遇到有人跟我说话我还会心怦怦跳、手心出汗，我一点儿也不喜欢跟别人交流！"

文文妈这时才感觉到文文可能是在和别人交往上出了问题。

在现实生活中，像文文一样的孩子不在少数，他们喜欢独自一人，害怕和别人交往，不喜欢在众人面前发言，在与人交谈的时候会表现得焦虑不安，担心自己在别人面前出丑。对人很回避，不能信任周围的人，不能接纳周围的人。

孩子之所以会出现这种行为，主要是源于内心的一种恐惧。这种不正常的心理状态与一个人的性格、心态、成长环境等因素密切相关。

假如一个孩子的性格很内向，那么，他很可能是在童年时期的社交场合受过打击，或者在成长过程中经历过什么让他感到不愉快的事情。这些不舒服的经历让孩子在潜意识中厌恶与人交往。

孩子不爱与人讲话，这本身是一个棘手的问题，说大也大，说小也小，有的孩子在他熟悉的环境中会表现得特别活跃，但是换一个地方换一群人，就会表现出非常内向的一面。要追问具体的原因，说不定还要从家长身上来寻找，很可能是因为孩子本身的生活环境太"安静"了，与人交往的机会太少。

作为家长，要站在孩子的角度上了解孩子内心的这种恐惧，关心孩子的这种感受，多多地鼓励孩子。

比如鼓励他主动跟其他小朋友玩，带着孩子参加亲戚朋友的聚会……要知道，童年的孤独是非常痛苦的，让孩子学会主动和别人讲话吧，哪怕声音很小，也要及时给予孩子鼓励，父母的态度决定了孩子下一次勇敢的尝试。

萧炎刚上幼儿园的时候，总是一个人躲在角落里，不跟其他小朋友玩。萧炎的老师看到这种情况后，就把萧炎拉到其他小朋友中间，让他们一块儿玩，但是没一会儿，就发现萧炎还是跑到角落自己一个人去玩了。

后来，萧炎的老师把这种情况告诉了萧炎的妈妈，于是，在一个周五的早晨，萧炎的妈妈和萧炎一块儿来到了幼儿园。到小朋友们活动的时间了，萧炎还是一如往常自己一个人躲在角落里。

这时候，萧炎的妈妈叫来了住在萧炎家隔壁的彤彤，对彤彤说："彤彤，你去叫上萧炎跟你一块儿玩，好不好？"

"萧炎不喜欢跟我们玩，他总是一个人。"彤彤嘟着嘴说道。

"这次他会跟你一块儿玩的。"

彤彤和萧炎的妈妈一起找到了萧炎。

"萧炎，我们一块儿去玩吧。"彤彤对萧炎说。

萧炎看着彤彤摇了摇头。

"去吧，萧炎，和彤彤一块儿去玩，她很想跟你玩。"萧炎的妈妈对萧炎说。

萧炎还是摇摇头。

"萧炎，如果你不去，彤彤会很难过的，你哪怕去跟她玩一会儿，然后回来再自己玩都可以，好吗？"

萧炎点了点头，彤彤也很高兴地拉着萧炎去跟大家玩。玩了一会儿之后，萧炎却没有回来。萧炎的老师看到后，对萧炎的妈妈说："你真是有办法！"

"他只是有些胆小，多多鼓励一下他，就好了。"萧炎的妈妈对老师说。

在这个社会上，学会跟人交往是很重要的，因为良好的社交能够磨炼和增强一个人的能力。

只有当一个人的接触面越来越广，他的知识面才会得到更大程度的提升，情商也随之提高。反之，如果害怕与人交往，那么将来的发展就会受到一定的局限。所以说，家长们不能轻视孩子的交流问题，如果孩子变得不爱说话，或者是看到人就躲，就要及时关心孩子的情况和感受，并给予帮助。

【怎么听怎么说之现场演练】

设法让孩子感受到与人交往的快乐

孩子在与人交谈方面出现了障碍，原因有很多，有的孩子因羞怯而紧张，有的孩子因自己的能力和知识欠缺而有自卑感，有的孩子只是缺乏必要的社交锻炼……针对不同的情况，我们要用不同的方法，来帮助孩子提高社交能力。

1. 你会积极关心孩子对交往的感受吗？通常用哪种方式？

A. 经常询问孩子的感受 _____

B. 观察孩子是否有厌恶交谈的倾向 _____

C. 反思自己对孩子说话是否恰当 _____

D. 给孩子更多的关爱 _____

E. 其他 _____

在日常生活中给予孩子更多的关注，尽早纠正不恰当的教育行为，这样的话，孩子出现心理问题的概率会小很多。

2. 你会积极努力地给孩子创造社交的机会吗？

A. 不会，觉得一切顺其自然 _____

B. 会，觉得与人交往，多多益善 _____

一个人，越是不愿意跟人说话，说话的能力就越容易慢慢丧失掉。所以我们要帮助孩子争取社交锻炼的机会，比如说带着他参加一些集体活动、看到别人就主动打招呼、去串亲戚的时候带着孩子，家里来客人的时候给孩子一些说话和表现的机会。这样的话，慢慢地，孩子就懂得如何与人交往了。

如果孩子实在克服不了与人说话的恐惧，我们可以教孩子学习用深呼吸的方式来进行放松和调整。如果孩子的不良反应很严重，也可以带他去看看心理医生。

第3章 吸引孩子与我们"合拍"

再忙也要抽时间陪陪孩子

2013 年的春晚上，林妙可和众多小朋友合唱的一曲儿歌，唱出了不少儿童的心声："爱我你就抱抱我，爱我你就陪陪我。"可以说，每一个孩子都有这样一个再小不过的渴望，可是即使这样微小的渴望，有时候也得不到满足。

每一个爱孩子的父母，都不应该忘记孩子这个微小的渴望，一定要提醒自己：无论多忙，也要抽时间陪陪孩子。当孩子得到父母全身心的关注时，就算是平静的几小时也会给孩子一生的记忆中留下难忘而又温馨的时刻。

作为家长，想想自己有没有做过这些事：

每天午饭时间问问孩子的情况，向孩子讲述有关自己的事情。

每周抽出一天或半天时间陪伴孩子。

每晚睡前，去孩子房间与他交谈一会儿。

"职场父母一定要多挤点时间陪陪小孩。你可以把孩子交给保姆、老人，但是谁也取代不了父母在孩子心目中的地位。千万不要以忙为借口把孩子推给别人，不管多忙，一定要记住和孩子多聊天、多沟通。"这是一位职场妈妈在总结自己的育儿经验时发出的感慨。

在孩子小的时候,我和孩子的爸爸都忙于自己的事业,想着我们有所成就,才能给孩子一个更好的未来,才是对孩子最大的爱。因此我们决定把孩子送回老家,交给孩子的爷爷奶奶抚养,我们每个月只要给孩子多寄一些衣服和玩具,让他在物质上得到很好的满足就可以了。

我们努力工作,尽自己最大的力量去给孩子创造很好的物质条件。可是,等我们事业有成的时候,却痛苦地发现孩子根本不愿意和我们沟通。最为可怕的是,孩子内向多疑、胆小怕事,偶尔还会做出一些很古怪的行为。

看着这样的孩子,我在想即使我们赚再多的钱,可以让他有一个幸福快乐的未来吗?一个缺乏爱的孩子怎么会快乐呢?现在真是后悔以前为了事业没有多陪陪孩子,没有给孩子足够的关爱。

缺少大人陪伴与沟通的孩子喜欢撒娇、任性,偶尔还会做出一些古怪的行为,他们喜欢引起大人的注意,让大家觉得他很重要。家长在发现孩子有这些行为以后,应该自我反思一下,看看是否忽视了孩子的情感需求、是否应该合理安排,挤出些时间多陪陪孩子,让他感受到你对他的爱与重视。

有这样一个爸爸,自从有了儿子之后,不断地开创着自己的事业,由替人打工到创立了自己的小公司。公司生意蒸蒸日上,发展态势很好，这位父亲整天忙得团团转，忽略了在成长中的儿子，他和儿子在一起的时间也越来越少了。

一个周末，这位父亲出差两周后回到了自己的家中，已是午夜时分，他的儿子早已经睡着了。当他将随身的文件放进书房时，却看到书桌上有一张纸条，内容是这样的："我的好爸爸，我好久没看到你了，你是个做生意的能手，可惜你是个'冰箱'爸爸，别的小朋友爸爸的爱是热的，你的爱却是冰冻的。"

儿子的话给了这位年轻的爸爸巨大的震撼。从此，无论再忙他也会抽出时间陪可爱的儿子说说话，谈谈自己工作上的趣事，再聊聊儿子学校里发生的事情。这样相处的时间多了，他们的父子关系便变得融洽了。

这个故事的确具有一定的代表性，尽管现在的家长面临着各种生存压力，早出晚归，很少与孩子交流，但在一个完整的家庭里，对孩子而言，无论是爸爸，还是妈妈，都是他们每天生活中不可或缺的一部分。做父母的一定要知道，与孩子共同参与活动，对于亲子关系非常重要。

明白了这个道理之后，家长们就应该想一想怎样才能更加亲近孩子。

家长们多抽出些时间陪孩子一起做他们热衷的事情，是非常重要的。花越多的时间了解孩子，家长就越可以有的放矢地为孩子做心理辅导工作，教会他相关的生活技能，鼓励他实现自己的梦想。总之，孩子有了家长的陪伴，就会更加热爱生活、更加活泼开朗。

陪孩子玩有技巧

玩是孩子的天性，如果我们可以陪着孩子一起玩，不仅可以拉近和孩子的距离，更可以增加孩子的自尊和自信，让孩子的心理更加健康。

陪孩子玩也有技巧吗？怎样让孩子觉得好玩？其实里面也是有很多学问的。

1. 你是否会表现出对游戏的兴趣？

A. 不会，只是陪陪孩子而已 ＿＿＿＿＿＿＿＿＿＿＿

B. 会的，和孩子一起玩是开心的事 ＿＿＿＿＿＿＿

其实，当孩子发现你对这个游戏没兴趣时，就会觉得游戏不好玩了。孩子很敏感，他能感受到家长对游戏的态度。所以，在陪伴孩子的时候，要和孩子一样真诚、投入，要专心地陪孩子。

2. 在陪孩子游戏时会注意听他们发表见解吗？

A. 一般不太在意 ＿＿＿＿＿＿＿＿＿＿＿＿＿＿＿

B. 会的，言为心声 ＿＿＿＿＿＿＿＿＿＿＿＿＿

孩子都需要得到爸爸妈妈的注视，而且越多越好，当孩子在游戏中发表见解的时候，我们应该给予更多的爱意和关注，因为孩子说的话，很有可能还有潜在的含义。爸爸妈妈多花心思倾听孩子所说的话吧，说不定，他会带着我们去看看他的内心世界。

3. 你会有意识地保护孩子在游戏中的想象力吗？

A. 没注意过这个问题 ＿＿＿＿＿＿＿＿＿＿＿

B. 会觉得孩子的某些想法很有趣 ＿＿＿＿＿＿

C. 会注意保护孩子的想法，不急于纠正 _____

进入了孩子的世界，我们除了要多听之外，更要开放自己，多问问孩子。我们不能苛求孩子的想法和我们一样，也不用着急表达自己的想法。在孩子的眼中，太阳可以是绿色的、河流可以是粉色的，我们要有这样的包容性，多了解孩子的想法，这样才不会破坏孩子的兴致。

与孩子一起谈论成长中的悲喜

对于每一个人来说，当自己产生喜怒哀乐时，第一个想法就是与人分享。成年人都有和人分享信息的心理需求，对于孩子来说，也是如此，甚至这种需求比成年人更为迫切。科学家发现，90% 的孩子都渴望自己可以和父母分享成长中的喜怒哀乐。

在一个家庭中，父母的关心和信任可以让孩子对父母更加尊敬和亲近，并且乐于向父母倾吐心声。当一个孩子和家长聊天时，他更希望得到父母专注的倾听、感兴趣的提问，同孩子一起分享他的沮丧，则会令他内心舒畅得多。

总而言之，沟通很重要，孩子的成长需要家长的建议或提出解决问题的途径，也需要家长的支持和理解。很多时候，孩子向家长抱怨，只是想发泄情绪，说完了，心情自然就好了。如果家长不了解孩子的需求，只想为他提供解决方案，可能会让孩子反感，甚至中止沟通。

迪迪放学回到家后，迫不及待地和妈妈分享这天的感受。

迪迪：当班长太累了，既要自己学习，还要维持纪律。

妈妈：既然不喜欢，就和老师说说不当了。

迪迪：可是我也很喜欢当班长，它让我觉得很光荣。

妈妈：既然你喜欢，那就不要再嚷嚷着说累了。

迪迪（沮丧）：可是喜欢不代表不累啊！

妈妈（无奈）：真不知道你到底要说什么。

……

谈过话后，迪迪只觉得情绪无处发泄，她不愿意继续交谈，因为她觉得无趣极了。

如果妈妈换一种谈话方式，更注意倾听，谈话的效果就会有明显的不同。

迪迪：当班长太累了，既要自己学习，还要维持纪律。

妈妈：你今天好像很累。

迪迪：是啊，当班长让我觉得非常光荣，可也让我总觉得有压力。

妈妈：嗯，我明白你的感受，我也曾经有过这样的情况。

迪迪：我该怎么做才好呢，真头疼。

妈妈：妈妈相信你一定能处理好的，来，让妈妈抱抱你。

迪迪：谢谢你，妈妈，我觉得舒服多了。

迪迪继续这样不停地讲着，她很兴奋，喜欢和妈妈说话，因为妈妈愿意当她的听众。

从这个例子可以看出，有时和孩子一起分享成长，只是倾听、感受和理解就行，并不需要过多地提出解决方法。

不过，这并不是说家长可以对孩子不闻不问，只要听他们抱怨抱怨就 OK 了。孩子们都喜欢被需要、被珍视的感觉，家长可以多体恤孩子，当他们发现自己被家人珍视和喜爱，那么他们会有一种莫名其妙的满足感。

有一天，我的女儿很沮丧地回到家中，放下书包一句话不说地走进了自己的卧室。我感觉到孩子一定是在学校里发生了什么不愉快的事情，然后敲开了孩子房间的门。

"妞妞，发生什么事情了？"我坐在孩子身边问她。

"我们班上的一个男生太讨厌了。我代表班级去参加学校举办的英语比赛，没有拿到奖项，心里本来就够难受了，谁知道他还在那里说风凉话，说什么英语学得好，不过是在我们这个班里还算行罢了，但跟其他班的一比较就差多了。"孩子说着说着竟然哭了起来。

"好了，妞妞，他是嫉妒你有机会去参加比赛。"我一边把孩子搂进了我的怀中，一边安慰孩子。

"妈妈，我也觉得我很糟糕，跟其他人一比。"孩子在我的怀里边哭边说。

"不，不管你成绩怎样，在妈妈眼里都是一个很好的孩子，是妈妈唯一的好孩子。"我轻轻地拍着孩子的后背，安慰着她。

孩子听了我的话后，哭了一会儿就不哭了，并对我说："嗯，有妈妈支持，我就很幸福。"

孩子能够和家人畅所欲言，这是培养双方关系的大好机会，父母应该给予孩子更多的爱和理解，但是不要把孩子看成是弱者，这样会让孩子心中落下"我什么都做不好"的印象。

只有在父母理性的爱护之下，孩子才能够独立起来，才能够尽快成长起来。

【怎么听怎么说之现场演练】

和女孩交流有技巧

当女孩面对压力或者遭遇不愉快的事情时，情绪化往往比男孩更严重，她们希望有人能够在这个时候了解并且帮助她们。如果父母能和她一起谈论问题的细节，分享她的沮丧、迷惑、无助，对孩子的情绪控制能力和人格发展都大有好处。

1. 想一想，你家女孩总是会抱怨些什么？

学习中的抱怨：＿＿＿＿＿＿＿＿＿＿＿＿＿＿＿

生活中的抱怨：＿＿＿＿＿＿＿＿＿＿＿＿＿＿＿

对自己的不满意：＿＿＿＿＿＿＿＿＿＿＿＿＿

通常，当女孩遭受压力的时候，她们会抱怨"我的学习成绩为什么上不去""我讨厌那个女生，她长得比我漂亮""为什么我总是这么倒霉""该死的考试什么时候能结束"，用诸如此类的话来表达她的烦恼、失望和挫折。

2. 在女孩情绪不好时，你一般什么反应？

A. 对孩子的暴脾气加以批评＿＿＿＿＿＿＿＿

B. 能哄则哄，否则她闹起来让人头疼＿＿＿＿＿

C. 耐心地给孩子讲各种道理，直到吵起来 _____

D. 耐心地听她说，不辩解 _____

其实，女孩情绪不好时，只需要我们对她的挫折表示关心，让她感受到支持，仅此而已。我们倾听她抱怨，不用太长时间，她的情绪就会慢慢好转，也不再觉得这些是压力了。

3. 你会有意识地鼓励女孩广交朋友吗？

A. 顺其自然，没在意过 _____

B. 鼓励她，这很重要 _____

一般女孩都很关注自己的人际关系，她们喜欢根据个性上的差异，组成一个个趣味相投的小团体。如果一个女孩觉得自己不能够被团体接受，她就会感到孤立，从而产生自卑、怯懦等情绪。所以，我们要鼓励女孩广交朋友。

4. 女孩遭遇失败，你会怎么做？

A. 批评她 _____

B. 安慰和鼓励她 _____

当女孩遭遇挫折的时候，其实在内心需要别人的同情。比如说，女孩在比较重要的考试中失败了，有的家长就会一味责怪她"真没出息"，有的则是同情安慰，积极开导："这次的题目出得也挺偏的，你可以选择复读，还有机会。"前者的态度只会让孩子更加痛苦，后者的态度才是正确的。

给孩子游戏和成长的空间

在自然界中，所有动物都喜欢做游戏，可以说游戏是动物的天性。詹姆斯博士认为，在这种游戏中，动物不仅得到了快乐，能力也得到了发展，比如小猫逗弄老猫的尾巴，能够锻炼它捕捉老鼠的能力。

对于儿童也一样，为了他们生存必需的一些能力，游戏是必不可少的。因此，父母应该给孩子游戏的空间，这对他们的成长必不可少。

对孩子来说，早期的游戏完全可以成为学习的机会，但需要注意的是，这种游戏并不是给孩子买玩具玩电子游戏，而是一种需要父母特别设置的游戏。在这一方面，父母可以参考美国著名教育家卡尔·威特的一些教子方法。

老威特几乎没有给小威特买过玩具，他认为孩子从玩具中学不到什么知识。并且相信，玩具是一把双刃剑，利用不好的话可能会起到反效果，而且他尤其反对那些给了孩子玩具就不再过问孩子的父母，对这种行为提出非常严厉的批评。

当然，老威特也意识到，不给小威特买玩具，但也不能让他失去一般孩子都应享有的童趣。

为了让小威特在玩耍中增长知识，老威特在他家的院子里修了一个大游戏场。在上面铺上了厚厚的沙子，周围还栽有各种花草树木。由于沙子铺得很厚，下了雨马上就干，坐在上面也不脏衣服。小威特在这里观花捉虫，培养对大自然的感情。

此外，应小威特的要求，他父母还专门为他配了一套炊事玩具，尽管他还是个孩子，但凡是大人要做的事他也什么都想做，尤其对厨房的活，总是想插手。现在有些父母觉得孩子的这种癖好太琐碎，有些父母甚至对此十分厌烦，这实际上是在埋没孩子的天性。而小威特的父母则认为，对于孩子的这种喜好，如果能引导得好，就能使儿童的知识极大地丰富。

小威特的父亲正是从此着眼，给他准备了一套炊事玩具。

小威特的母亲与其他母亲不同，她不是把炊事玩具给孩子就撒手不管了，而是借此进一步开发相关方面的潜能。

小威特母亲习惯于一边做饭，一边耐心地解答小威特提出的各种问题，并且还监督小威特，让他用炊事玩具学做各种菜。

小威特的母亲还通过各种娱乐游戏来使小威特从中享受到获得知识的乐趣。比如有时小威特当"主妇"，妈妈当厨师，妈妈向小威特请示各种事情。如果小威特下达的命令不得要领，那就失去了当"主妇"的资格而降为厨师。

这时，当上主妇的妈妈就发出各种命令。如果小威特拿错了佐料，那么接下来他就连厨师也当不成了，只好被"解雇"了。

此外，老威特还为小威特做了许多形状各异的木块，他用这些木块盖房子、建教堂、修塔、架桥，或者筑城。由于建筑游戏需要游戏者仔细动脑筋，因此它非常有利于孩子的智力开发。

老威特认为，与孩子做游戏不能胡来，应当让他尽量地动脑筋，这样孩子就不会感到无聊，也不会借此哭闹滋事，还对孩子的智力开发起到了良好的作用。

【怎么听怎么说之现场演练】

提升创意有方法

给孩子游戏和成长的空间，能够让孩子生活得更加愉快，还能够培养其创造力。可能有的家长会纳闷，创意是培养出来的吗？答案是肯定的。

大部分的孩子出生之时都有些创意潜质，但是有些家长会在不经意之间打压，有的家长则会给予鼓励和赞赏。因此，有的孩子的创造力不断被开发，而有的孩子天生的创造力不断流逝。

1. 你能够忍受孩子的胡说八道吗？

A. 不能 _____

B. 能 _____

我们可以细心体会下，从和孩子的聊天中可以感受到孩子的天真、创意和丰富的想象力。但是在现实生活中，有些父母根本就无法容忍孩子的"胡说八道"，觉得这完全是没有逻辑的胡话。

如果父母从来不让孩子多点时间去思考，每次只是直接给予答案，那么我们还要怎样期待孩子学会思考呢？如果不愿意思考的话，那又如何会有创意产生呢？

我们要培养孩子的创意，除了要给他足够玩耍的时间和空间，给他动脑的机会，同时也一定要能够忍受孩子天马行空无厘头式的回答。

也许，孩子口中会蹦出很多令我们感到奇怪的答案，肯定他们，比给他们讲道理更加重要。所以，如果想培养一个创意十足的孩子，那就应该先把成人思维放在一边，跟着孩子一起天马行空地漫游吧。

2. 你会想些什么方法来提高孩子的创意？

_____

其实，提高创意的方法有很多。

利用阅读提高创意：我们可以给孩子选择一些具有创意的绘本，并且在阅读的过程中设计一下思考的机会，让孩子的想法更加活化。

增加生活经验：生活经验越丰富的人，想法就能够获得多元的刺激，并且能够激发出不同的想法和创意。

如果一个孩子每天只知道看童话，那么他的大脑中只会有皮卡丘和哈姆太郎等。强调生活经验，对于创造力的培养，绝对是有帮助的。

让孩子参与家庭大事的讨论

在日常的生活当中，如果父母从来不考虑孩子的感受，不让孩子对家里的事情发表意见，那么孩子就会感到在家中没有话语权，从而感到失望愤怒。要是这种情绪无处发泄，久而久之，孩子要么会成为窝窝囊囊、沉默寡言的"闷葫芦"，要么就是事不关己高高挂起的"书呆子"。

因此，有教育专家建议，父母应该尽量多召开一些家庭会议，让孩子参与家庭大事的讨论。

家庭会议会让孩子找到了一个说话的窗口，在这里，孩子可以被倾听，可以参与到交流甚至是解决问题的环节中，在这种平等民主的氛围下进行的教育，无形中对孩子是一个良好的熏陶，孩子思考问题、组织语言、积极参与的能力都会得到锻炼，而且，在这种情况下孩子也很容易感受到来自父母的重视。

家庭会议是孩子成长的一个小渠道，孩子通过家庭会议上讨论的问题而逐渐熟悉家庭结构。在一个完整的家庭里，需要考虑到家务、财务预算、日程安排和生活方式。而这些，为孩子以后离开父母、自立门户更好地适应社会打下坚实的基础，还可以锻炼孩子的言语表达能力。

当孩子的想法得到表达，情绪也得到了宣泄，孩子的心理会更加健康，家庭也会更加和谐稳定。

每到月末，孩子就会拿出家庭会议记录本，和父母一起坐在沙发上，开始每月一次的家庭会议。今天晚上，一家人又坐在一起开会了。

"爸爸，你对我这个月的表现满意吗?"儿子真诚地询问父亲。

"嗯，非常满意，只是你今后放学回家时，要尽快洗个澡，可以吗? 可能是由于天气太热，你总是抱怨自己浑身痒，影响你的睡眠。"

"嗯，好的，谢谢你的提醒!"儿子在会议记录本上写下"勤洗澡"三个字。

"我这段时间心里总有一股莫名的烦躁，也不知是什么原因。"母亲说。

"我想是你长时间待在家里干家务，而很少外出散心的缘故。这段时间我的工作很紧张，也没有多少时间来陪你。这样吧，下个星期天，我们一家人去郊游好吗?"

"你的建议太好了!"母亲开心地说。于是，一家人又在灯光下开始讨论下周末的郊游计划。

这样民主的对话，没有一个孩子会不喜欢。相反，专制的对话，几乎没有孩子会喜欢，一不小心还会激起孩子的逆反心理。

一个周末，梅丽在家里一边吃零食一边看电视，爸爸回来看到桌子和地板上有很多垃圾。

"你没看到地板脏了吗？这么大了，也不知道收拾收拾，整天就知道玩。"爸爸没好气地对梅丽说。

"嗯，好像不是很脏啊。上次你在家的时候，地板比这还脏，你都说可以等明天再打扫的。"

"你这孩子，怎么这么跟爸爸说话，爸爸忙着工作，可你呢？快点，把电视关了，打扫卫生！"爸爸的口气强硬和坚决，梅丽听后，心里非常不高兴，索性把电视关了，把原来桌上的垃圾全弄到了地上，自己回房间看小说去了。

其实，梅丽本来想吃完手中的零食就打扫卫生的，可爸爸此时却以不容商量的语气命令她，令她十分反感，所以她才选择了和爸爸对着干，如果爸爸能以商量的口气平和地跟她说话，她一定会愉快接受的。

很多父母常常觉得，自己是一家之主，孩子就应该听从自己的吩咐和要求。

他们习惯于不征求孩子的意见，就自作主张地要求孩子去做某事，结果往往适得其反。就像文中的梅丽爸爸，他没有完全了解事情原委就以不容商量的口气下命令，结果引来了孩子的反感。

现实生活中，有些父母虽然征求了孩子的意见，但也只是象征性地问问孩子。很多时候，父母会觉得孩子的意见不成熟，最终还是主观地按照自己的意见去行事，而将孩子的意见弃之一旁。结果，让孩子觉得自己的意见得不到重视，最后也懒得参加这种形式性的"家庭会议"。

孩子是家庭中的一分子，就应该有权利参与家庭大事的讨论，而参与讨论又可以带给孩子不少益处，父母何乐而不为呢？

【 怎么听怎么说之现场演练 】

开个既温馨又高效的家庭会

父母和孩子的沟通就像管道中的水，若是管道一头高一头低，水只能流向低的一头，只有两头差不多高，水才能自由流动。

1.你平时和孩子说话，注意语气吗？

A.不怎么注意 _____

B.尽量温和，但有时候会受情绪影响 _____

C.对孩子，总是严厉不起来 _____

在家庭生活中，父母如果想要求孩子做某事和不做某事，应该少用强硬的命令，而尽量以商量和请求的语气来代替，尽量多使用"你看能不能这样""我们想听听你的意见""请你帮个忙吧"等话语。

虽然提出的要求还跟原来相同，但只要父母灵活地改变了语气，孩子的理解就会迥然不同。

2.你觉得家庭会议可行吗？应该注意些什么？

A.从来没想过，觉得不必要 _____

B. 觉得挺形式的 ＿＿＿＿＿＿＿＿＿＿＿＿＿＿＿＿＿＿

C. 觉得是个挺好的方法，可以征求下孩子意见 ＿＿＿＿＿＿

家庭会议是一种和孩子沟通的方式，根据每个家庭各自的情况，因人而异。如果你觉得家庭会议是个不错的交流手段，那么就可以和孩子一同尝试一下。在会议进行当中，应该注意以下的事情。

（1）成人来负责主持会议，制定规定。

（2）除非特殊情况，否则成员不可以缺席。

（3）不管是反对还是赞同，每个成员都有表达意见的权利。

（4）做到耐心倾听不打岔，不得在会议中大喊大叫，影响会议进行。

（5）每位成员之间应做到互相尊重。

（6）将分散注意力的东西减到最少。关掉电视、电话和收音机等。

（7）由家中的成人做最后决定。

把家庭教育变成最高级的小班授课

现在有很多父母都愿意利用周末的时间给孩子报名上个"小班"，帮助孩子提高学习成绩。和传统的大课相比，这种"小班"有很多独特的优点：

首先，小班允许学生随时发言。在传统的课堂，老师站在高高的讲台上，下面是正襟危坐的学生。而小班化的教学可以把提问的权利还给学生，当碰到问题的时候，随时都可以发问。

其次，小班授课允许学生质疑。当老师在讲授知识出现错误时，学生可以及时纠正补充，和老师平等地进行交换意见，甚至是争论。

不管怎样，小班授课的优势显而易见：可以使孩子从老师那里得到更多的关注，并且很容易开始面对面的对话和互动，这样的教学自然会促进学生的健康成长。

芝加哥大学核心课程基本上都是小班授课。也有上千人的大课，但是大课在讨论的时候也必须要分成很多小班，有很多博士生作为助教。比如有一门"财富、权利、美德"课，是由芝加哥大学的院长亲自授课，选修的学生多达千人，需要将近30个博士生作为助教，每个助教带两个小班，每个小班20人左右。助教每周带领2个班分别讨论一次，而且所有的助教每周要和主讲教授再碰头开一次会，汇总各个小班的问题情况并讨论下周的课程安排。这种小班培养，保证每个学生都会受到关注，怎么可能不精英呢？

既然小班授课的优势这样明显，作为家长，也应该努力为孩子创造小班授课的环境！

家长要明白这一点：最小的小班授课，恰恰是在家庭中！是家长对孩子的一对一甚至是二对一。可以说，利用好家庭教育，可以收到比小班教育更好的效果。

在进行"家庭小班授课"的过程中，父母一定要了解些有用的关键词：辅导、指导、引导、教导和主导。

辅导：这个意思就好比是过河时主要倚靠孩子的脚和腿，而家长需要做的就是在关键或是危险的时刻"牵"他一下而已。但是，大多数的家长并不知道这一点，好像家长的给予是在满足家长想给的这个需要，而并不是针对孩子的真正需要。很多家长在无意识中自以为是地给予了很多，却在一厢情愿的爱护中伤到了孩子。

指导：在孩子成长的过程中，需要必不可少的指导，但如果指手画脚得太多就会导致孩子的依赖性和自我能力的弱化。所以，家长在给予孩子指导的时候要掌握好分寸。

引导：这个词好像是领着孩子走路。孩子在他成长的过程中会形成自己的"主见"和"能力"，这些已经形成的能力会指导他自己好好走路。只要家长给他提供好的滋养，人是有向上和向善本能的动物，就会像植物向着阳光生长一样。作为家长又何必事事躬亲呢？

教导：这个词实际上已经露出一点点暴力的味道了，在教导孩子的时候一定要考虑孩子内心的感受。

主导：这个词似乎有"主宰"的意味。家长要知道，孩子绝对不是大人能够随意掌控的东西，如果想主导孩子的思想或者是生活，那么孩子将不再是独立的个体。

当了解了与孩子沟通的重要性之后，下一步，就是要懂得和孩子交流的艺术了。

比如，家长可以每天找机会和孩子聊一聊学校里的状况，每周可以定期和孩子一起做一些事，比如做饭、逛街、打球、看电视等，一边做事情一边交流。

当孩子发表异议的时候，不要急于反驳，而是先平心静气地听他把想法表达清楚，然后再针对他的观点和他进行交流。

遇到某些事情可以和孩子进行讨论，听听他的建议并达成协议。比如我们不希望孩子沉迷于电脑游戏，就需要和孩子一起讨论如何能在玩电脑和学业上保持平衡，并达成协议。通过这样的方法，问题和分歧就很容易解决了。

引导孩子开发人际交往的天赋

孩子会把世界看成是一种关系，他们小小的思维当中已经存在关系式的生活方式，他们天生喜欢和人说话，喜欢和人交流。

玲玲虽然是一个漂亮的小女孩，但她天生就有一种男孩的性格，像男孩子那样喜欢爬上爬下，甚至一些小男孩都不敢玩的体育项目如单杠、双杠等，她都敢玩，而且玩得很出色；她有点看不起那些受了委屈、挨了批评就哭哭啼啼的小女生，相反，妈妈爸爸的批评、指责往往对她不起作用……

对此，玲玲的父母很忧虑：这孩子怎么就没点女孩气呢？

其实，玲玲父母有点杞人忧天了，虽然玲玲大大咧咧的性格有点像小男孩，但这种性格却有很多好处：女儿不像别的小女孩那样敏感、爱哭，做父母的要省心很多。

而且最重要的一点是，这种大大咧咧的性格恰恰是玲玲人际交往的优势所在，会使她拥有很多朋友。

不管是女孩还是男孩，他们都喜欢与那些不计较细节、性格有点大大咧咧的孩子交朋友，而且他们还给出了几乎一致的理由：

与这样的孩子一块儿玩不会累，而且可以玩得很开心。

所以，父母应该尽量培养孩子的这个特点，不仅鼓励他多交朋友，还要帮助孩子克服斤斤计较、小心眼的毛病，这样的话，孩子会有更多的朋友，会玩得更加开心，这对他以后的发展将会有很大帮助。

因为孩子的天性更加倾向于关系式的生活方式，所以父母可以多挖掘有助于他社交的品质，孩子会很容易开发并利用这些天赋，更好地融入到朋友堆当中。

有一位妈妈这样说道：

女儿小时候是我们小区的孩子头，她总喜欢带着一帮孩子玩，孩子们有了什么纠纷也总来找她解决。有一次我看见她处理两个孩子的矛盾——他们并不比女儿小，但是他们都对女儿的能力表示赞同——两个孩子很快就表示和解，继续愉快地玩耍。

很明显，我的女儿有与生俱来的交际能力，于是，在以后的日子，我刻意地把女儿的这种天赋引发出来：带她接触更多的人，让她来招待客人……

现在，女儿自己经营着一家企业，她的员工以她为荣；她还拥有一个幸福美满的家庭，丈夫的事业没有她那么成功，但这也没有损害他们之间的感情。

一旦发现了孩子的天赋，父母就要积极地把它引导出来。这样，他们所具备的天赋才会成为其终身的财富。

当孩子表现出与他人交往时的恐惧感和厌恶时，父母应该耐心细致地和孩子交流，并且帮助孩子缓解紧张感，给予孩子积极的鼓励。同时，家长要想开发孩子的人际交往能力，也要从多方面入手：

1. 激励孩子的交往兴趣和欲望。

家长最好多鼓励孩子花费一定的时间和精力去和同龄人聊天、游戏、出游，不要忽视孩子在这方面的实践。当孩子想要找其他小朋友玩的时候，就支持他。如果孩子对与人交往表现出恐惧和厌烦时，就要耐心细致地和孩子交流，帮助孩子缓解紧张感。

2. 为孩子的人际交往创造条件，树立榜样。

良性的人际交往需要正确的交往动机和一定的交际技能，在这些方面，父母都应该成为孩子的好榜样。

3. 重视对孩子心理素质的培养。

与人交往，需要良好的心理和人格素养，比如说善良、真诚、守信、开朗、率直、理解他人，等等，这需要家长在日常生活中有意识地加以培养。

第三篇

表扬，不要贬损；

批评，不要伤害

第 1 章　赞赏令孩子更加出色

罗森塔尔效应：夸奖带来效益

美国著名的心理学家罗森塔尔教授曾经做过这样一个实验。

他将一群小白鼠很随意地分为 A 组和 B 组，他告诉 A 组的饲养员说，这一组的老鼠非常聪明，同时又告诉 B 组的饲养员说这一组的老鼠智力中等偏下。几个月后，罗森塔尔教授对这两组老鼠进行穿越迷宫测试，发现 A 组的老鼠居然真的比 B 组的老鼠要聪明很多，它们能够先走出迷宫并找到食物。

通过这个实验，罗森塔尔教授得到了启发：这种效应会不会发生在人的身上呢？于是他来到一所普通中学，在一个班里随便走了一趟，然后就在学生名单上圈了几个名字，告诉他们的老师说，这几个学生智力很高，很聪明。

过了一段时间，教授又来到这所学校，惊奇地发现那几个被他很随意选中的学生现在真的成了班上的佼佼者。

为什么会出现这样的现象呢？

这是因为，罗森塔尔教授是著名的心理学家，在人们心中有很高的权威，老师们对他的话都深信不疑，因此就对他指出的那几个学生充满了信心，经常称赞他们。

而学生也感受到了这种期望，认为自己是聪明的，从而提高了自信心，就真的成了优秀的学生。

称赞会给孩子以极大的鼓舞，而父母的表扬与其他人相比产生的作用会更大。心理学家经过实验发现，孩子总是在无意中按父母的评价强调自己的行为，以期望得到父母的表扬和认可。

有一位母亲在擦桌子的时候，她一岁多的小孩子蹭过来，学着妈妈的样子，手里拿着一块布，在桌子上抹来抹去。其实，这么小的孩子，完全没有做家事的概念，他只是单纯地模仿而已。

这位母亲则抓住了这样一个夸奖孩子的机会："小伟真懂事，这么小就想帮妈妈擦桌子，将来一定是个优秀的孩子。"

孩子听到妈妈这样讲，马上来了精神，在桌子上抹得更带劲了。妈妈擦完桌子之后，告诉孩子："以后擦桌子的时候要注意，这些边边角角也要擦干净，那就更好了。"孩子很满意地点点头。

因此在日常的教育中，家长应该对孩子多一些表扬，少一些批评。对孩子的一些想法和行为，不能按照成人的标准来判定，应该发自内心地赞美孩子，如"你真棒，我小的时候没有你这样有创意"。这样，孩子进步就会越来越快，也会把父母当作自己生活中的良师益友。如果父母只是一味地指责，甚至是狠狠地训斥，那孩子的无限潜能就会被父母的训斥声所淹没。

鼓励是自信的酵母，夸奖是自信的前提。要让孩子变得更加优秀，最有效的方法就是及时地夸奖和鼓励。夸奖能使孩子坚定自己的信心，从而更加努力地为成功找方法。

可能有家长会有这样的疑问：如果一味地夸奖孩子，让孩子很骄傲怎么办？如果今后听不了批评的话怎么办？孩子将来不听话很难教怎么办？

这种顾虑很正常，而且这种现象也的确会有。夸奖孩子其实是有要领可循的，有些方面一定要夸，而有的方面一定不能夸。

有个小女孩长得很漂亮，所有的人看到她都会赞不绝口："你真是太漂亮了！"

这种话听得多了，小女孩便以此为骄傲，慢慢地添了很多坏习惯，整天不停地照镜子，头发每天都是一洗三梳。后来父母意识到了这一点，就提醒孩子要把心思放在学习上，但是已经无济于事。

还有一个小女孩，非常聪明，可以背很多的英语单词。有一天家里来了客人，奶奶对小女孩说："我们念英文给叔叔阿姨听好不好？"接下来，奶奶就问小女孩苹果怎么说，小女孩说 Apple，又问雨伞怎么说，小女孩都是对答如流，这样一直问了很多。小女孩突然对奶奶说："奶奶，你知道大象怎么说吗？"奶奶愣了一下，说："我怎么可能会知道。"没想到，小女孩当着众人的面对奶奶说："奶奶，你怎么这么白痴啊。"

上面两个例子中的小孩，就是听众人的夸奖太多了，以至于忘乎所以，不仅自视甚高，甚至看不起长辈，这就有悖我们夸奖的初衷了。

我们夸奖孩子，为的是让他能更加健康地成长，所以夸奖应该是侧重于孩子的好习惯、好态度、好品格。

比如一个孩子天天坚持写日记，得到夸奖之后，会坚持得更好；一个孩子很懂得让着自己的小弟弟，得到夸奖之后就会变得更加懂事。而对于孩子的天分、长相这些内容，就不需要一次次地夸奖。

夸奖具有启发性和鼓励作用，但夸奖过多，会带给孩子压力，形成焦虑。所以夸奖要适可而止，而应用欣赏、交谈、聆听等方式代替过多的夸奖。总之，我们不能让孩子在受责备的环境中成长，但是也不能让他们整天泡在赞美里，要学会适度夸奖。

【小技巧】

1. 夸奖的话不能言过其实。

2. 有效的夸奖是夸奖过程而不是结果。

3. 夸奖要发自真心。

4. 夸奖要留有余地，给孩子进步的空间。

教育孩子，别总否定他

比起夸奖，批评要更加慎重。尤其是不讲求方法的批评，对孩子人生的打击有着不可估量的影响。

有一个男孩，在他 15 岁的时候就被关进了少管所，一个记者了解了他的成长经历，觉得他其实是一个挺可怜的孩子。

这孩子小时候有些顽皮，常常受到父亲的打骂，在班里也常被老师当着全班同学批评、讽刺、嘲笑。慢慢地他开始处处与老师对着干，不久就被校长在全校点名批评，回家后再次被父母打骂。在这样的恶性循环里，他最后沦为罪犯。

"一个孩子在成长中没有遇到一点爱的温暖，却总是遭遇到充满恶意的批评，试问他怎么能改掉自己的坏毛病呢？"这个记者在后来的报道中写道。

是呀，孩子有错难免，如果家长只会打他，学校老师也总是批评他，那么这孩子会怎样呢？他得不到鼓励和支持，他消极到了极点，他觉得自己永远不能重新来过，于是就彻底地放弃了自己。因此，作为父母，在教育孩子的过程中，别总是否定孩子、打击孩子。

简单、粗暴的责骂不但不能使孩子从心底认识到自己的错误，体会到父母对他们的关怀，而且最容易引起孩子的反抗。这种叛逆心理一旦形成就会造成父母和孩子间的隔阂和冲突，孩子越来越不听话、越来越叛逆，越是批评他，他越是和你对着干……

对于孩子来说，他们由于不成熟、自我约束力差，所以在成长过程中不但错误百出，而且经常犯同样的错误。

有些家长对孩子过于苛刻，孩子一出错，就频繁地批评，意图把孩子"骂"醒。但不管是苦口婆心地骂，言词激烈地骂，还是语重心长地骂，这种带有批评成分的教育效果都不十分理想。原因是什么呢？那就是没有人喜欢一直被否定，孩子尤其是如此。

因此在批评孩子的时候，不妨换一种方式，试试"三明治"，这样孩子就比较容易接受。所谓"三明治"是指把批评的内容夹在表扬之中，从而使受批评者愉快地接受批评。

这种现象就如三明治，第一层是认同、赏识、肯定对方的优点或积极面；中间这一层夹着建议、批评或不同观点；第三层是鼓励、希望、信任、支持和帮助。

这种批评法，不仅不会挫伤受批评者的自尊心和积极性，而且还会使其积极地接受批评，并改正自己不足的方面。

此外，父母还需要注意的是，在批评孩子的时候，一定不要攻击孩子的人品和性格，侧重指出孩子在某件事上的错误之处并和孩子一起找到解决问题的办法。简单地说，就是对事不对人。

14岁的乔楠热情开朗，非常讲义气，喜欢结交各种各样的朋友。有一次，同班的王伟被隔壁班的一名大个子同学欺负，乔楠很生气地带着王伟去找隔壁班的大个子理论，最后，竟然打了起来，乔楠失手将王伟的头打伤了。

"你这孩子，怎么就把同学的头打伤了？什么时候变成这样子了？一身的流氓气！"乔楠的妈妈知道这件事情后赶到学校，大声地批评起了乔楠。

乔楠很委屈。他觉得自己只是不小心，妈妈怎么能说自己是流氓呢？于是就不想听妈妈说话了。

不得不说，很多父母在孩子犯错以后，总是急于批评孩子，以为这样孩子就可以知错了。殊不知，不当的批评方式只会让孩子更加委屈，也起不到任何教育效果。

因此，家长们一定要谨慎地批评孩子，注意要对事不对人。试想一下，故事中乔楠的妈妈如果告诉乔楠"帮助同学是正确的，但是不能因此而和别的同学打架，更不能把人打成重伤"，乔楠还会感到委屈吗？会听不进去妈妈的话吗？

把赏识当成孩子成长中的需要

孩子就像一棵小树苗，他们渴望被赏识，渴望被肯定，就像树苗渴望春雨一般。赏识和肯定会让孩子更加自信和快乐。因此，父母应该把赏识当成孩子成长过程中的一种必需品。

也许有的父母担心，一味地肯定孩子，会不会让孩子变得禁不起挫折和批评？还有的家长担心给孩子的肯定太多，会让孩子变得特别在意别人怎么看自己。其实这些想法的产生，是因为没有把赏识和表扬区别开来。赏识和表扬还是有区别的。表扬是把注意力放在孩子身上，而赏识则更加注重孩子所做的事情。

有的父母觉得赏识就是说好听的，或者简单戴高帽子，其实是一种错误的理解。孩子的成长离不开家长的赏识，如果家长总是将对孩子的肯定不说出来，会令孩子感到失望和不满。相反，如果家长总是能肯定孩子，用一种赏识的眼光看待孩子，对于开发孩子的潜能有着相当大的益处。

蒋方舟是 90 后的杰出代表，2012 年从清华大学毕业后被《新周刊》聘用，担任新周刊的副主编。一个 22 岁的少女，毕业即担任副主编，是一个让人吃惊的事情，很多人都觉得蒋方舟是一个天才。

然而儿时的蒋方舟并未表现出过人的天赋，在妈妈眼里，她甚至要比同龄孩子迟钝许多。幼儿园老师反映，蒋方舟内向，不喜欢唱歌跳舞，不像其他小女孩一样爱打扮和出风头。妈妈就想让女儿学点才艺，于是将她送去学电子琴，可是没几天蒋方舟就不学了。不学就不学，妈妈不再勉强，从那以后再也没给女儿报任何兴趣班了。

后来，蒋方舟上幼儿园大班时，班上要准备一次英语汇报演出，老师放假回家了几天，再回来孩子们的英语全都忘了，唯有蒋方舟还记得很清楚。老师便让她当小老师来教其他孩子，蒋方舟居然教得很好。妈妈很惊喜，她开始笃信，女儿确实有语言天分。于是，就有意识地让她多看一些书，还鼓励她去写一些东西。每当妈妈发现蒋方舟写的文章中有好句子时就大声赞扬，在妈妈的赞美声中她越来越喜欢文字，开始涉猎大量的书籍，9岁的蒋方舟就以《打开天窗》赢得了众人的关注，后来也是由于文学上的长处被清华大学破格录取。

蒋方舟很幸运，有一个懂她、赞美她、支持她、发现她优点的母亲。不难发现，蒋妈妈最大的育儿秘籍就是赏识孩子、赞美孩子。

但是不少父母总有这样一个观念，那就是"我的孩子还不够好"，怎么去赏识他呢？其实，每个孩子都有值得称赞的地方，许多父母之所以觉得自己的孩子不够好，主要原因是对孩子的期望过高，已经超过了孩子年龄段应有的能力。所以他们表现一般时，家长就会觉得孩子很差劲，或者没有什么天赋，甚至会出言批评他们。三年级以下的孩子写作文的能力都很一般，这时候如果大人觉得"你写得还没有我好呢"，孩子的自信心和积极性就会受到影响，甚至不愿意写作文，害怕作文考试。

如果家长拿孩子的昨天和今天比较，多看看孩子的进步，就能找到一些孩子的优点、进步来鼓励他。这样的话，孩子会更加有信心。"我发现你说话越来越有条理了""你讲的故事真有趣"，这样一些具体的表扬和赏识能帮助孩子建立信心。

家长在和孩子交流的时候，若能表现出对孩子的欣赏，他们才能拥有成就感，而有成就感的人就容易对自己产生信心，有信心的人就能爆发出更多的潜能。肯定孩子、赏识孩子，实际上就是为孩子的成长搭建平台。

有一位著名的国际妇女活动专家说："现代人类最本质的动力不是追求物质与器官的享受，不是满足生理上的需求，而是满足成长的需求和发挥个人最大的潜力。"

总之，懂得赏识和赞美的家长，才能给予孩子及时的鼓励和赞美，获得赞美的孩子才会一点点做得更好，才能一步步在赏识中走向美好的未来。

【怎么听怎么说之现场演练】

赏识不是每天挂在嘴边

很多家长在了解赏识教育之后，就开始试着夸奖孩子，天天夸，结果发现赏识的效果并不怎么明显，甚至有的孩子被夸奖之后变得越来越自负了。是不是我们的孩子不适合赏识教育呢？

赏识只是教育中的一部分，如果被断章取义地拿来用，当然会出问题。只有当我们掌握了教育的规律，赏识才能够成为有效的教育手段，我们的孩子才能够更加健康快乐地成长。

1. 好的关系胜过 100 句赏识。

你觉得你和孩子的关系怎样？

A. 很一般 _____

B. 很默契，无话不谈 _____

首先，如果你想让自己的赏识有效果，最好是和孩子建立良好的亲子关系。当孩子和家长关系很好的时候，我们说的很多话孩子才能听进去。好的关系是沟通的基础，如果没有这个基础，再好的赏识语言都没有用。

2. 表扬时机要恰当。

你和孩子谈话时有"话不投机半句多"的时候吗？

A. 有的，所以很少沟通 _____

B. 还行，基本顺畅 _____

我们在表扬孩子的时候，时机越恰当，表扬的效果就越好。当我们看到孩子有良好的表现时，一定要及时表扬，因为这样做才能让孩子把被表扬的感受和做好事联系在一起，才可以让孩子乐于重复他之前被表扬过的行为。

相信孩子：你一定能行

有不少父母在教育孩子的过程中都有过这样一种矛盾的心态：当孩子想要独自一个人去上学时，心里很高兴，但是又十分害怕。高兴的是孩子终于有了独立的一面，害怕的是孩子遇到危险该怎么办。

然而，不得不提醒的是，父母的这种犹豫不决可能会直接导致孩子对于自己能力的怀疑。一个教育家就曾提醒过父母：在教育孩子的过程中，父母一定要表现出对孩子能力的相信，不然，当父母犹豫不决时，孩子就已经失去了信心。一般来说，父母对孩子的信心会使孩子更加有动力、更加自信。

有一个孩子，从小家里人都说他勇敢，他也就自觉不自觉地把自己当成勇敢的人。一个星期天，母亲带他去公园玩。公园里有一座天桥很高很高，桥板又窄又长，两边围着护网。虽然如此，走上去还像走钢丝一样，令人心惊胆战的。刚开始走上天桥，他很害怕，母亲鼓励他说："你行，想上去就上去吧！"在妈妈的鼓励下，孩子走上桥，自己给自己打气，心里想着"我不怕，一定能行"，一步一步地试，终于勇敢地走了过去！那种惊险的感觉让孩子觉得自己真行。

这就是相信孩子产生的力量。其实，孩子的"行"与"不行"，很大程度上取决于小时候父母怎么看待他们——是相信孩子一定行，还是打击孩子让他们泄气？每个孩子都有很多潜能，而这些潜能的发挥与父母对他们的赏识是分不开的，如果父母能对孩子投以欣赏的眼光，孩子的兴趣就有可能转化为特长，甚至创造奇迹。

思琪和诗雨是同班同学，两个人都很喜欢打乒乓球，水平也差不多，这次都被选为学校的代表，去参加市里的乒乓球比赛。比赛的前一天，思琪和诗雨都很紧张。

在思琪的家里，思琪对妈妈说："妈妈，我很紧张，你说我能打好吗？"

"当然，我们思琪是最棒的！"

"真的吗？妈妈你这么相信我？"

"对，我相信我们思琪一定可以为学校争光！"

可是，在诗雨的家里，诗雨很紧张地对妈妈说："妈妈，我有些紧张，我觉得我可能打不好。"

"反正我和你爸爸也没指望你打好，打得好的多着呢。"妈妈边打毛衣边对诗雨说。

结果比赛结束后，思琪得了冠军，诗雨则没打进半决赛。

父母认为孩子"行"还是"不行"，对孩子的一生有着很大的影响，如果父母相信孩子"行"，并用一种赞赏的目光来看待孩子，孩子也会对自己更加有信心。可是，如果父母对孩子表现出"不行"的表情，孩子就会开始怀疑自己，认为自己真的不行。

此外，需要注意的是，很多父母认为孩子"不行"，更多的是出于一种对孩子过度的担心和保护，不得不说，这对孩子能力的发展有着很大的伤害。万一孩子一个人上学走丢了怎么办？万一孩子被高年级的同学欺负怎么办？在这种一系列的担心之下，父母理所当然地认为孩子不行，于是就替孩子包办了很多事情。可是，父母有没有想过，有些事情孩子总是需要一个人去面对的，如果父母这么一直都不相信孩子，那孩子什么时候才可以真正地长大呢？

永琪今年8岁了，上下学一直都由妈妈接送。有一天，永琪很想一个人独自去上学。

"妈妈，我不想让你送我上学了，能让我一个人去吗？"

"不行，万一遇到坏人了怎么办？万一迷路了怎么办？"

"不会的，我们班上有好几个同学都是一个人去上学的，老师夸他们很勇敢。"

"那是他们离家近，总之，我不放心，也不相信你有那个能力一个人去上学。"

就这样，永琪的妈妈拒绝了永琪的请求，但是，这让永琪开始怀疑自己是不是真的没有能力独自一个人去上学，甚至觉得自己跟同学一比，真是太胆小了。

每个人都渴望自己能得到他人的肯定，对孩子来说，尤其如此。因此，这就需要父母时时提醒自己："相信孩子的潜力是无限的，不需要父母事事代劳，相信孩子是坚强的，不需要父母事事保护，我们需要做的，就是相信孩子一定行，给他鼓励，给他赏识，让他更加勇敢地前行！"

1. 鼓励比插手更让孩子开心。

2. 不要说"你还小，我帮你"。

3. 即便做得不够完美，至少要肯定其做事的积极性。

注意鼓励效果的持久强化

心理学家赫洛克曾做过一个十分有意义的实验：他把106名能力相等的孩子分为4组，第一组为表扬组，每次练习后都给予这个组的孩子表扬和激励，即使他们的表现一般；第二组为受批评组，每次练习后都对这些孩子严加训斥，即使这些孩子中不乏表现优异者；第三组为受忽视组，每次练习后对这个组的孩子基本不予评价，只让其在一旁静听前两组所受到的批评与表扬；第四组为控制组，既不给予这个组的孩子任何表扬与评价，也不让他们听到对前两组的表扬与批评。

通过一段时间的练习，然后让被试者再做一组难度相等的练习题，每天做15分钟，共做5天。之后分别检测四组被试学生的学习效果，结果发现受表扬组的学习成绩明显高于其他组，其次是受批评的，再次是被忽视的，最差的是被控制组。

通过这个实验，赫洛克告诉我们：如果想要一个人表现得优秀一些，持久的鼓励是很重要的。

在约翰逊2岁之前，母亲丽贝卡就让他从石板上学会了认字和写字母。3岁的时候，他就熟知鹅妈妈的故事，熟悉朗费罗和丁尼生的诗。4 岁，约翰逊就能拼出爷爷、丹（家里的一匹马）这样的单词。丽贝卡花了大量的时间来开发孩子的心智，而且经常告诉朋友和亲戚，他是个智力超常的孩子。从现代教育学的观点来看，贝丽卡这样做给约翰逊一种强烈的心理暗示，对培养其自信心具有积极的作用。

丽贝卡为约翰逊树立正面榜样，并用不断的鼓励来塑造儿子的性格，同时也激发儿子身上的优点。约翰逊则用行动实现了丽贝卡的愿望。

约翰逊在 28 岁时赢得了一次国会特别选举，从而进入国会，成为最年轻的议员。丽贝卡写信祝福，并告诉儿子自己永远支持他。

而在约翰逊看来，母亲丽贝卡的爱和鼓励是他不断进取的永远动力，正如他于 1956 年的母亲节，在寄给母亲的信中写的那样："有你做我的母亲我是如此幸运——你有如此美好的精神，还有无限的爱的奉献。你一直是而且永远是我的动力，无论我是什么或将成为什么，所有那些好的方面都应该归功于你，谢谢你长久以来坚持不懈地鼓励我。"

通过这个故事可以得知，父母长久以来坚持鼓励约翰逊，最终让他成了最年轻的议员。现实生活中有不少父母却总是喜欢给予孩子负面的评价，并认为，这是在让孩子认识自己的不足，并进一步提升。却不知道这些负面的评价会严重打击孩子的自尊心和自信心，孩子长期受到这些话语的影响，就会在心理上形成负面的自我表象，久而久之，就会固化成他们的行为特点。

偶尔鼓励孩子一下，固然可以使孩子获得惊喜，但是要想让孩子取得长久的进步，就必须注意鼓励效果的持久强化。美国的一个学校采用发"代币券"的形式褒奖学生，如果老师要褒奖学生的某种良好行为，就会给这个学生发一张价值若干元的代币券。这张代币券可以在学校的小卖部换取同样价值的小商品。如果学生不马上兑换代币券，或将自己的良好行为保持一段时间，抑或又有新的良好行为，他就可以到教师那里换取一张面值更大的代币券。如果学生仍不兑换，并持续保持良好行为，教师的褒奖方法则仍根据以上原则类推。

这种做法使学生的良好行为得到了持久强化。这是因为该校的做法契合了心理学中"期望与效应"理论，即人做某事的积极性等于成功概率和价值判断的乘积。也就是说，奖励的同时要给予学生一定的期望，这样才会收到比当下良好行为更好的效果。

【怎么听怎么说之现场演练】

鼓励孩子最常见的 15 个小动作

以下提供 15 种常见的小动作，我们可以在日常生活中使用这些方法来鼓励孩子，只要注意在具体环境中根据情况灵活调整，便可以使孩子在爱和鼓励的环境中开心成长。

看看下面这 15 种行为，有没有你经常做的？

1. 随时给孩子来个拥抱 _____

2. 自信地说"我爱你" _____

3. 说"来，好宝贝，亲一个" _____

4. 摸摸他的小脑袋 _____

5. 对孩子甜美地微笑 _____

6. 讲个美丽的床边故事 _____

7. 为孩子鼓掌 _____

8. 经常奖励他"小红花" _____

9. 专心听孩子说话 _____

10. 每天都有"亲子专属对谈时间" _____

11. 减轻孩子的分离焦虑 _____

12. 关爱与管教并行 _____

13. 和孩子一起玩耍 _____

14. 有些事让孩子做主 _____

15. 换位思考 _____

孩子的伤疤不能揭

在现实生活中，有不少父母老是喜欢揭孩子的伤疤，认为这样就可以让孩子改正错误的习惯或者行为。然而却发现，不但没有让孩子改掉错误的习惯，反而让孩子和自己越来越疏远。

张华和陈默是表兄弟，两个人在同一所学校上学，两家住得不远，所以两家人往来比较密切。有一天，张华的妈妈带着张华到陈默家玩，此时陈默的妈妈正因为孩子的数学考试成绩不理想而训斥孩子。

"你怎么搞的？怎么又考得这么差？都不知道你平时是怎么学习的，我都要被你气死了！"陈默的妈妈大声地训斥着陈默。

陈默不说话，低着头，似乎也在为此而觉得羞愧。

"唉，孩子考试考不好是常有的事情，下次考好了就行了。"张华的妈妈觉得这样训斥孩子很伤孩子的自尊心，就急忙劝解到。

"唉，你不是不知道呀，他小学的时候学习还是不错的，可自从进入初中以来，他的成绩就开始退步了。"陈默的妈妈向张华的妈妈说道，然后又转过身来训斥陈默。

"下次考好？哼，我看你下下次都很难考好。你想想看，这个学期你哪次考试让人满意了？去年期末考试的成绩就很糟，数学没有及格，英语也考得很不好。这学期的期中考试你还是没有长进，英语还是只考那么点分，数学仍旧是不及格，你丢不丢人啊？"妈妈对着陈默又是一阵数落。

"其实我也想好好学的，我也不想这样的！"在妈妈的强势下，陈默的辩解很无力。

"那你还不好好反省一下，下次考好点，不要总是不及格了，很丢人的。"看到妈妈当着表弟和姨妈的面这样批评自己，陈默觉得很不好意思，于是没有再说什么，低头进了房间。

在孩子的成长过程中，挫折与失败总是难免的，有些失败会随着时间的流逝被淡忘，但是有些失败却成为他们心里的阴影。这时候，就需要父母的鼓励和安慰，帮助孩子走出失败的阴影。

可是，在现实生活中，我们还是能看到不少父母像陈默的妈妈一样，反复提孩子失败的经历，随意揭孩子的伤疤，这无疑会给孩子的心灵带来伤害，而且对父母来说，也不是一件好事情。

站在孩子的角度说，揭孩子的伤疤会让孩子想起从前失败的经历，进而加重他自卑失落的心理。很多父母总是故意提起孩子的失败或者挫折，想以此激励孩子努力，这是一种非常错误的观点，这不仅不会给孩子以激励，相反还会让他备受打击。试想一下，如果一个人失败的经历总是被反复提起，那他的信心该如何建立呢？他只会被失败带来的失落感困扰，从而更加自卑失落。

　　每一次的失败，就像一个伤口，如果父母希望孩子心理的这个伤赶快好起来，就不要随意揭孩子的伤疤，相反，要尽量给孩子鼓励和安慰，才能让孩子尽快走出阴影，重获自信。

【怎么听怎么说之现场演练】

批评错了要道歉

　　有时，由于我们批评不当，给孩子造成或大或小的"伤害"，这样的孩子需要得到事后的安抚。如果有必要的话，我们应该向孩子道歉。

　　1. 不要碍于面子，而不愿道歉。

　　你会不会因为自己是家长而不好意思跟孩子开口道歉？

　　A. 确实比较难开口 ＿＿＿＿＿＿＿＿＿＿＿＿

　　B. 不会，我错了我一定认错 ＿＿＿＿＿＿＿＿＿

　　有些家长认为，孩子是自己的，想怎么批评就怎么批评，觉得管教孩子是天经地义的事情。即便是批评错了，也觉得没有必要向孩子道歉，认为"天下没有不是的父母"。有的父母虽然想道歉，但担心损害自己的权威。其实，当父母批评孩子失当时，对孩子说声"对不起"丝毫不会影响父母的形象，反而会赢得孩子的尊重。勇于向孩子道歉，是为人父母爱心与责任心的体现，更是孩子健康成长的需要。

2. 家长可以多做自我批评。

你觉得自己是个善于反省的家长吗？

A. 不怎么反省自己 _____

B. 有时会想想自己的做法 _____

我们在养育孩子的过程中，除了多关注教育孩子的方法之外，也要反思一下自己，比如想想自己有没有乱发家长的威风、有没有不分青红皂白就指责孩子、有没有用恶毒的话刺激过孩子、是不是对孩子的要求太高了，等等。如果我们发现自己对孩子的批评管教方式有问题，也要及时修正，这样才会在教育孩子的时候更加客观。

3. 请孩子监督自己的脾气。

你觉得亲子之间互相监督、坦诚相待怎么样？

A. 这样的话孩子更难管了 _____

B. 这个主意挺好，对孩子对大人都好 _____

有位妈妈非常爱发脾气，经常动不动就打骂斥责孩子。有一天，她出门忘记了关窗户，孩子向她嚷嚷："你怎么不知道把窗户关上呢？这么大的风，刮进来好多尘土！"妈妈听了愣在那里：这分明是自己平时教训人的口气！从那以后，她就严格控制自己不乱发脾气。

教育孩子，平等是基础，我们最好把孩子放在和自己平等的位置上，孩子才愿意和家长沟通。做家长的，不妨请孩子做个监督者，随时监督家长会不会发脾气。家长可不要小看这个民主行为，相信用不了多长时间，就会发现孩子脾气变好了，你的脾气也变好了。

第 2 章　消极刺激让孩子内心黯然

不要总表现出对孩子的"不满意"

有一次，几十个中国孩子与外国孩子一起进行某项测验，并且把自己的分数拿回家给父母看，结果中国的父母看了孩子的成绩之后，有80%表示"不满意"，外国父母则有80%表示"很满意"。而实际上，外国孩子的成绩不如中国孩子的成绩好。

中国的父母总是习惯用挑剔的眼光来看待孩子，也用一样的眼光来看待周围的世界，而外国的父母则习惯用欣赏的眼光看待自己、孩子和世界。其实，大多数的中国父母的这种不满意，并不是真的对孩子自身不满意，而是和别人家的孩子对比得出来的不满意。而这种对比很容易导致中国父母在教育孩子时常以别人为标杆。

人家的孩子去学钢琴，自己的孩子也一定要学；人家的孩子考上了哈佛，自己的孩子也一定要朝着这个目标努力才行……一些学生与父母产生矛盾，就是因为父母总是和别人比较。"别人是别人，我是我，为什么我不能按照自己的情况来设计人生呢？"

父母应该明白，每个孩子都应该有自己的人生轨迹，也应该坚持做自己，而不是与别人比来比去。想想欧文·柏林那句著名的"做你自己"，这是他送给作曲家乔治·格希文的忠告。

　　柏林与格希文第一次会面时已经很有声誉了，而当时的格希文只是个默默无名的年轻作曲家。柏林很欣赏格希文的才华，说自己愿意以格希文目前收入三倍的薪水请他做音乐秘书。可是柏林也劝告格希文："最好不要接受这份工作，如果你接受了，最多只能成为欧文·柏林第二。要是你能坚持下去，有一天，你会成为第一流的格希文。"格希文接受了忠告，最终成为当代极有贡献的美国作曲家。

　　父母对孩子总表现出不满意的另一个重要原因就是，很多父母望子成龙的心太过迫切，似乎容忍不了孩子暂时的落后与普通的成绩，往往把自己急躁的心情压在孩子身上，但是这样的做法常常会适得其反。

　　每个父母都希望自己的孩子成龙成凤，可是，仔细看看周围，哪个成龙成凤的孩子是在父母的不满意声中成长起来的呢？孩子需要得到父母的肯定和鼓励，一个在父母不满意声中长大的孩子，只会越来越让父母失望。

　　身为父母应该学会多想想孩子的优点，感谢孩子给你的生活带来了幸福和快乐，不要总是想着孩子这也不好那也不好。如果总是抱怨，对孩子和家长而言，生活又有什么乐趣呢？调整好自己的心态，少责骂批评孩子，多给予他们赏识与鼓励，他们才会有信心继续向前走。

【小技巧】

1. 不要想当然地为孩子规划人生。

2. 不要给孩子施加压力。

3. 试着每天夸奖孩子一个优点。

不要随意使用批评孩子的权利

生活中，我们经常听到这样的对话。

"妈，不要再说我了，再说我就疯了。"

"怎么，我还说不得你了，作为你妈，我就有这个权利。"

有不少父母在教育孩子的过程中，总是动不动就批评孩子，总觉得这是自己的一种权利，而且批评孩子也是为了孩子好呀。却忽略了，批评给孩子带来不少负面效应。

比起温和地向孩子指出他的错误，直接批评孩子的错误让他很难接受，从而，真心实意地改错的概率也比较小，孩子可能会想"以后不让父母知道就是了"。

西南交通大学心理咨询中心主任宁维卫向父母们建议说："不要轻易批评你的孩子!"他说，孩子犯了错误之后，在简明扼要抓住要害、严肃认真地指出错误后，要更多地给予肯定，要知道批评的目的重在改正。他还说，有的家长批评孩子时，没有指明改正的方向和具体方法，只是单纯地指责孩子这不对、那也不对，孩子听半天之后，还不知道应该怎么去做，这种批评是没用的。毕竟对孩子来说，发现自己错在哪才算真正明白了问题。

8 岁的西西从邻居家拿了一个很漂亮的洋娃娃，回家后整晚都兴高采烈。这时候妈妈气冲冲地走了进来。

"洋娃娃哪里来的？"妈妈站在西西面前，严厉地问。

西西不说话，只是坐在床前望着妈妈。

"哪里来的，我问你话呢？"

西西还是不说话。

"小小年纪不学好，竟然会偷东西了。"妈妈一手拽过西西手里的洋娃娃。

"我没有偷，我只是拿来玩玩。"西西辩解道。

"不经过别人的同意，随便拿就是偷！"妈妈的声音越来越大。

西西大声哭了起来，边哭边说："你干吗这么凶，你吓着我了。你就不能好好跟我说吗？我恨你！"

其实，西西的妈妈完全可以选择另一种做法，那就是蹲下来，心平气和地告诉西西，不经过别人的同意，是不能随便拿别人东西的，西西也会乐于接受。可是，西西的妈妈在气头上却选择了非常不明智的做法，招致了西西对她的怨恨。我们都相信，不管是批评还是夸奖，父母都是为了孩子好，是爱孩子的。可是爱也是讲究方法的，为什么非要选择不理智的方法呢？想想父母批评孩子时和孩子的对话，是不是很像两段独白呢？一段充满了批评和指令，另一段则全是否认和争辩。这样的对话，对孩子和父母来说都很痛苦。

批评还容易激起孩子的逆反心理，尤其对处于青春期的孩子。

"你不知道，我都快疯了，不管我怎么批评，他就是不听，那也就算了，还偏偏跟我对着干。"一个妈妈向教育专家抱怨道。

"可是，你为什么要一直批评他呢？"教育专家反问道。

"他做错事情了嘛。"妈妈说道。

"对，他做错事情了，也许他自己已经意识到了，只是羞于承认，或者不敢承认，这时候你应该去鼓励他、安慰他，而不是批评他。也许他还没有意识到，那你就应该给他讲道理，让他意识到自己错了，他自然会改。你越是批评，他只会越反感，于是就跟你对着干了。毕竟孩子有自己的自尊心。"教育专家建议道。

这时候，这个妈妈恍然大悟。

每个孩子都希望在自己迷茫无助，尤其是犯错以后，得到父母的帮助而不是父母一味的批评，所以，当孩子犯错的时候，若站在孩子的角度，放下家长的权威，去试着帮助孩子改正错误，这才是真正爱孩子。

【怎么听怎么说之现场演练】

批评的技巧

当孩子犯错的时候，我们如果是一味地责备孩子，不讲究批评技巧，结果往往会事与愿违。那么家长在批评孩子的时候，应该注意哪些技巧呢？

1. 低声好过高声。

你觉得批评孩子的时候，抬高声音他就会听话吗？

A. 有时还是管事的 _____

B. 觉得这不是个好方式 _____

俗话说"有理不在声高"，我们在批评孩子的时候，应该低于平常说话的声音，这样反而会引起孩子注意，这种低声的"冷处理"，往往比大声训斥的效果更好。

2. 沉默好过喧嚣。

你使用过"沉默不语"的批评方式吗？

A. 没试过 _____

B. 有时用的 _____

孩子一旦做错事情，总是会担心父母责怪他。如果家长的表现与孩子的预期一样，那么孩子反而会有一种如释重负的感觉，对批评和自己所犯的过错也就不以为然了。相反，如果父母保持沉默，那么孩子的心理反而会紧张，进而反省自己的错误。

3. 暗示好过明示。

孩子犯了错误，你会上来就骂得他狗血喷头吗？

A. 有时会，太气人了 _____

B. 这样不是解决问题的好法子 _____

当孩子犯错的时候，如果家长能够心平气和地启发孩子，会让他愿意接受家长的批评和教育，而且这么做也就保护了孩子的自尊心。

训斥应该避开众人，在私下里进行

有不少人可能在大街上看到过这样的场景：一个在前面的"暴走"家长和一个在后面哭闹的孩子，家长不停地训斥，孩子不停地哭。

英国教育家洛克有一句名言："父母不宣扬子女的过错，则子女对自己的名誉就愈看重，他们觉得自己是有名誉的人，因而会更小心地维护别人对自己的好评；若是当众宣布他们的过失，使其无地自容，他们愈会觉得自己的名誉已经受到了打击，设法维护别人对自己好评的心思也就愈淡薄。"

很多家长很少注意照顾孩子的自尊心，相反，还有一些家长认为，在大庭广众之下教训孩子，可以让孩子加深印象，这样可以避免以后重犯类似的错误。

实际上，当众教育孩子不但会使亲子之间的矛盾公开，而且还会招来周围人的侧目、围观。最为重要的一点，这会给孩子的心灵带来极大的伤害。科学调查显示，那些经常在大庭广众之下被父母训斥的孩子长大以后比其他孩子更容易产生自卑心理，也更容易走上犯罪的道路。

我们都希望别人认可和欣赏自己，这是人的本性，孩子也一样。对于那些自尊心极强的孩子而言，父母当众训斥自己，简直是一种莫大的侮辱，难以接受。

刘洋已经12岁了，但是性格内向，不太爱说话，很少和同学交流，平时学习成绩在班里也只能算是中等。

有一次，刘洋的妈妈到学校开家长会，老师告诉她，刘洋的成绩最近有些退步。结果还没等老师说完，刘洋的妈妈就大声呵斥起了刘洋："怎么成绩又退步了，不是回到家一直在看书吗？你怎么就这么笨呢？你说我养你有什么用？"刘洋的同学窃窃私语，刘洋拉了一下妈妈的衣服。

"怎么，还怕人说呀，怕人说你就好好学呀。"刘洋的妈妈还是一个劲地说着，结果刘洋没等妈妈说完，就跑出去了。

从那以后，刘洋变得更加内向，更加不愿意和同学交流，总觉得同学们在对他评头品足，觉得同学们都瞧不起她，学习成绩也是一落千丈。最糟糕的是，从那以后，刘洋开始对妈妈充满了怨恨。

有些家长会觉得，在众人面前训斥一下孩子不是什么大不了的事情。但是对孩子来说，这却是天大的事情。他们会很长一段时间处于担心和害怕中，害怕同学们从此用一种异样的眼光看自己，担心自己在同学面前抬不起头。就在这种担心和害怕中，孩子会变得敏感多疑。

还有一些家长，当孩子在公共场合哭闹、提要求时会觉得很没面子，一时心情急躁就会训斥孩子。可事实是，这样不仅没有维护到家长的面子，有时还会适得其反。建议家长能够平静地和孩子沟通，简单说出自己拒绝的理由。实际上，无论多大的孩子都能够明白家长拒绝的话语，家长只需要耐心地告诉他就可以了。

如果孩子当众让你难堪

越是有人关注，小孩子就越是会做出令人不可思议的举动。如果有一天，你的孩子当着很多人的面，做出让你很没面子的事情，那么你该如何对待他呢？是打他、不理他，还是有什么更好的办法来制止他？

给孩子界定很多的条条框框绝对是一件有难度的事情，但这也并非实现不了，我们应该掌握一些这方面的小技巧。

1. **保持冷静。**

孩子让你觉得没面子了，你能按捺住情绪吗？

A. 不能，会发火 ＿＿＿＿＿＿＿＿＿＿＿＿＿＿＿

B. 还是忍住脾气 ＿＿＿＿＿＿＿＿＿＿＿＿＿＿＿

当孩子的举动不合时宜的时候，家长要保持冷静确实是一件很难做到的事情，但是我们要记住，孩子这么做并不是在故意使坏，他们年龄尚小，有时并不了解自己的这些行为将会带来什么样的后果。如果我们忍不住脾气，对孩子来说是很无辜的。

2. **忽略旁人的眼光。**

你觉得自己是个特别爱面子的人吗？

A. 是，一般人都挺爱面子的 ＿＿＿＿＿＿＿＿＿＿

B. 还行吧，不是特别爱面子 ＿＿＿＿＿＿＿＿＿＿

千万不要把孩子的举动当成是没有家教的表现，适当的时候应该忽略旁观者的注目，只管理好自己的情绪，管理好孩子就可以了，不必过分看重旁观者。

3. 了解"反向规则"。

当孩子一味任性的时候，你会怎样？

A. 发脾气制止他 _____

B. 先反思孩子为什么这么做 _____

当你的孩子穿着一双成人的鞋子走来走去时，当他站在糖果柜台大吵大闹，甚至打滚的时候，家长需要往好的方面想：

1. 小孩子只会对亲近的人发脾气，他们觉得这些人会给他带来安全感。

2. 孩子能够任性，说明他们有自己的想法、自主性和自我意识，这难道不正是家长们所希望孩子拥有的吗？

绝情的话千万不能说

我们总是很容易在生气的时候说一些绝情的话，虽然事后感觉很后悔，可是无奈话已出口，即使道歉，说这并不是自己的真心话，也总是难免给听话的人心里留下阴影。

父母在教育孩子的过程中，也有可能出现这种时候，一时生气，脱口而出，对孩子说一些类似于"滚出这个家"等伤害孩子心灵的话，而大多数的时候，父母也不会因此去向孩子道歉，于是就给孩子留下了可怕的阴影，造成了不少悲剧。

期末成绩出来了，晓红这学期成绩下降了很多，妈妈很生气，狠狠地对她说："你还好意思拿着成绩单回来啊！叫你少看点电视你不听，现在成绩这么差，你好受了吧？"

"我又不是故意考不好的，我是……"

"你当然不是故意的啊，你就是现在成绩不好，才考得差的，别找什么借口了！"孩子话还在嘴边，妈妈就打断了她的话。

"你就是从来都不相信我，你就是故意误解我的意思，你就是对我不好！"

"你说什么？你这孩子怎么这样了？我让你吃好的穿好的，花那么多钱供你上学，你居然说我对你不好，你还有没有良心啊？"

"本来就是，你从来都不关心我心里想什么，总是这样骂我，谁家的妈妈这样啊？"

"好啊，那你去找别的妈妈啊，你滚吧，想去哪里就去哪里，快点滚！"

晓红生气极了，当真跑了出去，在街头流浪了两天，直到爸爸妈妈找到她，把她带回家。

生活中，孩子离家出走的事件屡有发生。许多情况下，孩子是被父母的话逼出家门的。"你滚吧，想去哪里去哪里"这句气话有惊人的杀伤力，往往把孩子逼出家门，而且在心里留下永久的伤痕。

其实，当家长说出这句最后通牒式的话来，无非是想逼迫孩子就范，或者是想以它来结束这场口舌之争，并没有把话当真，甚至事后会非常后悔自己说出了这样的话。然而这会让孩子认为家长一点也不在乎自己，随随便便让自己走就是因为自己一点也不重要，所以，不少任性要强的孩子，因为忍受不了家长的嘲弄而离家出走。他们当然不想离家出走，可一旦就此低头，便会显出自己的软弱，就这样屈辱地留在家里，还有什么自尊可言？所以，他当然要逞一回英雄，就这样真的离家出走了。就算孩子没有出走，也会在心里一直记得这个伤痛。

有一次，聪聪妈正在和孩子说说笑笑，两个人你一言我一句，一边说一边笑。聪聪妈说到兴头上，来了句："我的乖宝宝啊，你怎么一下子长这么大啊，你要还是个小娃该多好玩啊。要不妈妈拿你去换个小娃娃吧。"这么说不要紧，没想到聪聪听了之后，睁大了惊恐的眼睛看妈妈，接着就开始哇哇大哭起来，眼泪就像开闸的水一样涌出来，一发不可收拾。聪聪妈这才意识到问题严重了。本来嘛，自己说把孩子换出去，在孩子看来就是妈妈不喜欢他呀。

总之，绝情的话不能说，不管是生气还是开玩笑，这会让孩子感受到深深的伤害，而且也不能解决任何实际的问题，如果说得太绝情，甚至会切断父母与孩子之间的感情。

【小技巧】

1. 多说爱语，别嫌腻。

2. 时刻尊重孩子，哪怕是开玩笑。

3. 多和孩子一起玩，大家都高高兴兴的。

孩子说谎，找原因胜过责骂

诚实就像一件漂亮的衣服，对于孩子的成长而言，这件漂亮的衣服不是一件装饰品，而是一件必需品。那些拥有这件漂亮衣服的孩子，会交到更多的朋友，会得到更多的肯定和爱。可是，总有一些孩子调皮捣蛋，忘记了穿这些漂亮衣服。

那这时候，作为父母应该怎么办呢？

是大声地呵斥，以此警示要是再犯就挨揍，还是耐心教导，仔细分析孩子说谎的原因，告诉他说谎的坏处，让他不要再犯？有不少父母都不自觉地选择了前者，因为，他们知道孩子撒谎后的第一个反应就是生气，生气几乎掩盖住了理智。

一个母亲就曾讲过这样一个故事：

一个月前，女儿去张同学家玩，回来的时候把同学的小卡片拿来了，我发现后鼓励女儿还给同学，并要求她向人家承认错误，还告诉她别人的东西再好也不可以拿，如果喜欢可以和爸爸妈妈商量等等，女儿答应了。

我以为事情就这样结束了，没想到后来和女儿的另一个佟同学的妈妈通电话，她告诉我说女儿那次和张同学说是佟把她的卡片拿回了家，她帮助人家还回来。

我听了以后很惊讶，真不敢相信小小的女儿变得这么"复杂"，竟然可以用一个谎言掩盖自己的错误，难过、生气、慌乱，许多的感觉交织在一起。

晚上回家后我问女儿那天是怎么和同学说的，她似乎意识到了自己的谎言被揭穿了，有点不安，但并没有说出真话，只说自己忘了。

我也实在没有耐心再听她继续撒谎了，就开始大声地训斥她，并且要求她明天分别向两个好朋友道歉。可是女儿却哭着跑开了。

第二天早晨火气消了以后，我问女儿为什么要说谎，她说因为怕同学笑话她，所以才那么说。

我理解她的心情，因为女儿的自尊心比较强、爱面子，可是我告诉她，做错事就要勇敢地承担责任，否则这是一个比前一个错误还要严重的错误。女儿点了点头，说自己知道错了，以后再也不撒谎了。

仔细想想，父母的生气并非没有理由：辛辛苦苦养大的孩子怎么转眼间就变成了一个说谎精，平日里品德教育的作用都去哪里了？可是，生气归生气，生气之后就应该立马冷静下来，找找孩子说谎的原因。要知道，只有对症下药，才可能让孩子真正改掉说谎的习惯。

需要注意的是，不少父母总觉得撒谎是一个不可饶恕的错误，撒谎的孩子一定是品行出了问题。其实，仔细分析孩子说谎的原因，就知道这种说法有些小题大做了。孩子撒谎固然不好，但是并非孩子的所有错误都与"品德不端"有关。许多时候，孩子犯错的最初原因可能在家长身上，也可能是无意中模仿大人的不实之词，或出于自我保护的本能，或为了迎合家长的过高期望，满足某种虚荣心。孩子犯错，作为家长要正确理解并加以引导，根据不同情况客观分析，对他进行正确的教育引导，即使孩子犯了错，只要说了真话，就应肯定他的表现，并引导他不断完善自己。

【小测试】

你的孩子是哪种"说谎型"？

孩子的说谎类型有很多种，父母要冷静地进行分析了解，并找出说谎原因，针对具体情况进行处理解决。

A. 想象型：孩子简单爱幻想的小头脑中总会滋生出各种既夸张又烂漫的想法

B. 安慰型：孩子总是将自己的幻想等同于事实，来弥补自己的幼小无知

C. 虚荣型：孩子会编造出谎言，想哗众取宠，并以此来抬高自己的身价

D. 模仿型：如果大人出现了不诚实行为，孩子会不自觉模仿

你的孩子是以上的哪种类型呢？

面对说谎的孩子，家长应该怎么办呢？

1. 关爱孩子，尊重、信任孩子。

2. 以正面教育为主，对孩子多表扬、少批评。

3. 耐心细致地说服教育。我们可以帮助孩子分析说谎的原因，及可能产生的后果，让孩子在拥有足够安全感的情况下，坦然承认自己的错误，培养孩子的勇气。

4. 以身示范，让孩子积累正面的道德经验。